M&A交渉人
養成プログラム

BEPS時代のグローバル組織設計法

株式会社エスネットワークス
佐久間 優［著］

中央経済社

はじめに：本書の目的

　筆者はこれまで金融法人や事業法人の多くのM&A現場にいました。しかし，そのほとんどが反省すべき苦い経験です。特に，パナソニックでの三洋電機買収では，組織の中での自分の非力さを痛感しました。会社が大きな意思決定に進む中で感じた歯がゆさ ── 意思疎通の壁，考え方の違い，共有することの難しさなど，もやもやして実体のわからないものがたくさんありました。

　「あの時はこう考えるべきだったかも」，「このような説明をすれば認識共有ができたかも」── 当時の交渉場面を反芻し，引っかかっていた事象を抽出し，その因果関係を体系化しようと考えました。

　一般に交渉といえば，社外交渉を思い浮かべるでしょう。しかし，思い出す交渉場面は，社外交渉より社内交渉の場面が多いのです。ただ，重要なターニングポイントは社内交渉過程にあることは直感でわかっているものの，概念として認識するにはまだ点と線がつながらない状態でした。そこで，財務，税務，法務などの専門知識と「人の心」が絡まりあう事象を，時間をかけて整理しました。このような過程を経て，本書では個別事象を線でつなぎ，概念としての組織設計フレームワークを体系化させると同時に，BEPS時代の付加価値創出の抗弁論拠として耐えうる論拠構築を目指しました。

　本書は，社内交渉プログラムと社外交渉プログラムに分かれます。

　社内交渉プログラムでは組織設計の最小単位として，取引に着目します。地域拠点の取引ビッグデータから主たる取引を抽出し，商品ミックスの再構成，商流の再構築，地域拠点の統合，積み上げ式の原価再構築を行います。主たる取引とは，財取引かつ明確な付加価値創出取引です。従たる取引とは，戦略的役務取引であり，付加価値創出にチャレンジできる新しい取引として提唱します。付加価値創出の論拠として，戦略的機能のオプション価値や企業価値への影響などを定量化する手法を示します。さらに，BEPS（Base Erosion and Profit Shifting，税源浸食と利益移転），移転価格やアームスレングスルールを

制約条件として順守しながら収益性を極大化させ，地域，事業，機能，出資の４つの論理バランスが取れている組織を設計します。社内交渉におけるゲーム的状況の発生を予測し，その回避方法を軸に組織設計を行います。

自身で創出した付加価値取引に対して自ら解釈，定義，論拠付けを行うことで，利益移転元国と利益移転先国との法令順守を担保できる税務当局への抗弁論拠を構築することが，BEPS 時代の組織設計の新しい実務要請です。また，M. ポーターの価値連鎖に，価値創出，価値実体化，価値移転を加えた BEPS 時代の競争優位性モデルによって，本論理に学際的にも耐えうる概念を付与しました。

社外交渉プログラムでは，M&A 交渉ゲームによってバリュエーション対決での戦術を習得します。FCF 生成式の調整項目となりうる具体的な BS，P/L 科目の戦術をまとめました。M&A 交渉ゲームは，交渉相手の価値評価論拠を見抜き，反証となる定量的論拠を提示し，複数の交渉軸上にて相反する価値観の力学を発生させ，交渉に不利な場合は複数の交渉軸に転調を繰り返すことで，自陣に有利な交渉合意点に導く訓練です。交渉ゲームは，あらゆるゲーム的状況を回避かつ排除できる社内人材を育成できます。

本書は，社内交渉，社外交渉における組織設計工程の疑似体験に力点を置きます。建築物にたとえるなら，設計プロセスに９割の労力を割いて論理性のある構造設計を習得し，残り１割の労力で現場での建築プロセスと戦術を習得するイメージです。M&A 交渉人の社内養成を通して，企業が M&A 環境整備と人材育成ができる汎用的な組織設計フレームワークを提唱します。それがグローバル規模で汎用化されるまで提起し続け，国際的な M&A 環境整備に貢献することが，M&A 交渉ゲームのゴールです。

また，フレームワークの全体構成がわかりやすいようにテクニカルな各論はできるだけ簡略化させました。M&A ケーススタディーやクラウド BPR システム実装法など，実務ノウハウに関する詳細を今後展開してまいります。本書が，M&A を推進するうえでの組織設計のあり方として一石を投じる機会になれば幸いです。

筆　者

目　次

はじめに：本書の目的

序　論　M&A 交渉人養成プログラムの概要

第1章　ゲーム的状況のマネジメント —————— 2

1．PMI が失敗する本質・2
2．ゲーム的状況とは何か？・2
3．社内交渉フレームワーク整備の重要性・11
4．プロセス間の断絶回避の重要性・11
5．ゲーム的状況はどうすればコントロールできるのか？・14
〈交渉人養成ポイント1〉／15

第2章　M&A 社内交渉人の必要性 —————— 16

1．なぜ，M&A 交渉人が必要とされるのか？・16
2．M&A 交渉人に求められる資質・18
　2-1．社外交渉に求められる資質／18
　2-2．社内交渉に求められる資質／19
〈交渉人養成ポイント2〉／21

第1部　社内交渉プログラム

序　章　組織設計フレームワークの概要 —————— 24

1．「取引」に着眼する・24
　　1-1．「主たる取引」の選定／24
　　1-2．「財取引」と「役務取引」の分類／25
　　1-3．「付加価値」と「非付加価値」の分類／26
　　1-4．取引を設計してみよう／28
　　1-5．財取引と役務取引の「中間的性質」を持つ取引の出現／32
　　1-6．BEPS問題と費用の地域的平準化／33
2．組織の「階層」を設計する手法・33
　　2-1．論理性のある組織設計のコツ／33
　　2-2．論理性のない組織：L字型，T字型組織の症状／34
　　2-3．組織設計5階層モデル／35
3．「組織設計PDCAサイクル」で運用する・36
4．「組織設計5階層モデル」と「PDCAサイクル10ステップ」の対応表・37
5．BEPS対応のグローバル組織設計法・38
〈交渉人養成ポイント3〉／39

第1章　第1階層　主たる取引と商流工程設計 ──── 40

1．PDCAステップ1：取引の分類と属性の付与・40
　　1-1．取引を可視化する道具とキャンパス／41
　　1-2．財取引と役務取引の経路を描いてみよう／42
　　1-3．取引に属性を付与しよう／42
　　1-4．実務の流れ：取引のグルーピング／43
2．PDCAステップ2：主たる取引の抽出と製品ミックス再編・46
　　2-1．付加価値創造とは何か？／47
　　2-2．付加価値売上と非付加価値売上に分けることの意義／48
　　2-3．主たる取引抽出のコツ：経営指標の優先順位の高いものを選ぶ／52

        2-4. 組織統合における主たる取引抽出のコツ／53
        2-5. 地域拠点における主たる取引の最適化のコツ／53
   3. 第1階層におけるゲーム的状況と回避策・62
〈交渉人養成ポイント4〉／62
   第1階層　組織設計シート／63

第2章　第2階層　原価構造と収益構造 ──── 64

   1. PDCAステップ3：原価構造と収益構造の分析・64
        1-1. 原価構造と収益構造の設計意義／65
        1-2. 経営評価指標（KPI）がもたらすゲーム的状況／66
        1-3. 地域拠点の単体原価集計が，連結原価構造と異なる理由／68
        1-4. 入手した付加価値地域拠点の原価構造の分析／68
        1-5. 統合対象拠点の統合後の特徴付け／69
        1-6. 組織性格の決定付け：プロフィットセンターとコストセンター／70
        1-7. 戦略機能による役務性収益の取り扱い／71
        1-8. 戦略機能を源泉とする役務性収益の税務否認リスク／73
        1-9. 役務性収益を収益認識するにあたっての国際税務リスク／74
        1-10. 実務の流れ／75
   2. PDCAステップ4：経営評価指標KPIとターゲット設定・76
        2-1. 原価構造と経営評価指標KPIターゲット策定のコツ／76
        2-2. 付加価値／非付加価値地域拠点での運営方針に係るゲーム的状況／77
        2-3. 地域拠点の特徴付け：キャッシュフロー重視とマージン重視の運営方針／77
        2-4. マージン型KPIとスポット型KPIによる誘導／79

2-5. 地域拠点統合によるシナジー創出 KPI／80
　　　2-6. 地域拠点の企画原価戦略／82
　　　2-7. 生産地域拠点と生産ライン工順の最適化／83
　　　2-8. 実務の流れ／84
　　3. 第2階層におけるゲーム的状況と回避策・84
　〈交渉人養成ポイント5〉／85
　　COLUMN　東芝不適切会計処理　2つのゲーム的状況・86
　　第2階層　組織設計シート／88

第3章　第3階層　組織実体と支配力実体化 ―― 89

　　1. PDCA ステップ5：組織実体と組織形態の策定・89
　　　1-1. 組織の実体化とは？／90
　　　1-2. 組織形態の選択肢／90
　　　1-3. 組織形態の設計要素／92
　　　1-4. 事業と機能の分離／98
　　　1-5. 組織統合に必要となる法的知識のポイント／100
　　2. PDCA ステップ6：戦略機能とオペレーション機能の分離
　　　・103
　　　2-1. 地域内間接機能の分離／103
　　　2-2. オペレーション機能のグローバル集約化／104
　　　2-3. 戦略機能の集約化／105
　　　2-4. 戦略的役務を中心に捉えた組織再編／106
　　3. 第3階層におけるゲーム的状況と回避策・107
　〈交渉人養成ポイント6〉／108
　　第3階層　組織設計シート／109

第4章　第4階層　事業への資産割当と投資回収 ―― 110

　　1. PDCA ステップ7：事業への資産割当・111
　　　1-1. 事業への割り当てが困難な理由／111
　　　1-2. 配賦基準整備を取り巻くゲーム的状況／111

1-3. BS分割のオペレーション規則化のコツ／112
1-4. 実務上の流れ／113

2．PDCAステップ8：投資回収の評価・114
1-1. 投資回収の視点／114
2-2. 投資回収評価の方法／114
2-3. 事業セグメント別投下資本回収指標の多角的視点／115
2-4. 定量因子による評価指標KPI／115
2-5. 事業ポートフォリオ再編ツールとしての投下資本回収指標／116
2-6. 実務の流れ／116

3．第4階層におけるゲーム的状況と回避策・118
〈交渉人養成ポイント7〉／119
COLUMN　一般名詞の理解齟齬がもたらすゲーム的状況・120
第4階層　組織設計シート／122

第5章　第5階層　グローバル組織構造 ───── 123

1．PDCAステップ9：BEPS対応型グローバル組織策定とオプション価値・124
1-1. 分離するオペレーション機能と戦略機能のノミネート／124
1-2. 戦略機能分離のメリット，デメリット／126
1-3. インテリジェンスのある戦略的金融機能とは？／126
1-4. BEPS時代の戦略的金融機能取込み／127
1-5. 戦略モチーフ①：金融調達機能のオプション価値の取込み／128
1-6. 戦略モチーフ②：金融機能を段階的取込みする企業価値向上ストーリーの構築／130
1-7. 機能価値定量化のための算定手法／132
1-8. 評価モデルと競争優位性の相関性／133

2．PDCA ステップ10：エクイティーストーリーと事業計画策定・134
　　2-1．BEPS リスクを引き起こす新しい取引の影響／134
　　2-2．BEPS 時代の事業性評価フレームワーク／135
　　2-3．財務諸表で付加価値を表現する方法／139
　　2-4．製造業における価値連鎖と付加価値創出の関係／140
　　2-5．実体の移転と実体化ができない付加価値取引／141
　　2-6．グローバルタックスデザイン／142
　　2-7．価値移転の定義と FCF 調整：時間的価値移転の評価手法／143
　3．第5階層におけるゲーム的状況と回避策・144
〈交渉人養成ポイント8〉／145
　第5階層　組織設計シート／146

第2部　社外交渉プログラム

第1章　M&A 社外交渉力の優劣決定因子 ── 148

　1．M&A 社外交渉力の優劣を決める3因子・148
　2．相対の交渉力学・149
　　2-1．交渉力学発生のメカニズム／149
　　2-2．相対交渉力学の6類型／150
　　2-3．縦軸の解説：会社対会社の相対力学／151
　　2-4．横軸の解説：ディール固有の性質／151
　　2-5．第三の利害関係者／152
　　2-6．第三の利害関係者の利益軸／153
　3．複数人のゲーム的状況・156
　　3-1．M&A 交渉とゲーム理論の親和性が高い理由／156
　　3-2．複数の交渉参加者によるゲーム的状況／156

3-3. M&A 価格交渉のルール／158
4. 交渉人のバリュエーション技量・160
   4-1. バリュエーション：一物多価を一物一価に定める評価技術／160
   4-2. M&A 交渉における華：バリュエーション対決／161
   4-3. M&A 交渉はディベート／162
〈交渉人養成ポイント9〉／164
交渉エピソード①：バリュエーション対決の結末／165

第2章　M&A 社外交渉ゲームの戦術 ―― 167

1. M&A 社外交渉ゲームの定量化手法・167
2. 戦略的 FCF，戦略的デューディリジェンス，戦略的バリュエーションのつながり・168
3. 戦略的 FCF の生成・169
4. 戦略的デューディリジェンスのターゲットポイント・171
5. 戦略的バリュエーション・175
6. 交渉串と交渉カード：・180
   交渉串1：買収対象の決定／182
     1) 交渉カード1：負債価値の控除範囲／183
   交渉串2：評価手法の決定／183
     2) 交渉カード2：評価の土俵（DCF 法 vs 純資産法）／183
     3) 交渉カード3：マルチプル法の土俵／184
   交渉串3：収益力の実態性／184
     4) 交渉カード4：付加価値売上 vs 非付加価値売上／185
     5) 交渉カード5：真の販売力 vs 真の収益力／186
     6) 交渉カード6：グループ内企業間取引価格／186
   交渉串4：資産の実態性／187
     7) 交渉カード7：資産の過少性，負債の過大性／187
     8) 交渉カード8：引当金の適切性／187
     9) 交渉カード9：償却資産の償却方法の適切性／190

10）交渉カード10：繰延税金資産の資産性／191
　　11）交渉カード11：研究開発費用の判断／194
　　12）交渉カード12：オフバランスリース資産／195
　それ以外の交渉軸アイディア／196
　交渉串5：余剰資金と運転資金見合の現金／196
　交渉串6：アンレバード化したFCFでの比較／197
〈交渉人養成ポイント10〉・197
　交渉エピソード②：バリュエーション対決：緊張と緩和・198

Appendix 1　M&A交渉ゲームの基本形 ―――― 201

　　例題：合弁パートナーからの支配力獲得・201
　　〜類型1の交渉戦略立案とカウンター案〜
　　M&A交渉ゲーム：基本ステップ
　　　ステップ1：交渉力学類型表にて，交渉力学を把握しよう／203
　　　ステップ2：交渉方針の予測とプロジェクションを作成しよう／204
　　　ステップ3：簡易バリュエーションを実施しよう／206
　　　ステップ4：フットボールチャートを描こう／208
　　　ステップ5：デューディリジェンス・ターゲットリストを作成しよう／212
　　　ステップ6：星取表を作ろう／214
　　　ステップ7：交渉スケジュールを定めよう／215
　　　ステップ8：交渉戦略ノート／216

Appendix 2　M&A交渉人養成プログラムカリキュラム ―――― 218

序論
M&A 交渉人養成プログラムの概要

第1章

ゲーム的状況のマネジメント

1．PMIが失敗する本質

「M&Aの7割が失敗に終わる」—統合作業（PMI, Post Merger Integration）が失敗に終わる3つの要因に着目します。

---
① ゲーム的状況が発生すること
② 社内交渉フレームワークが存在しないこと
③ プロセス間の人的断絶が生じること
---

①～③の要因にはそれぞれの解決方法があります。

---
① ゲーム的状況の対立構造を分析し，自陣に有利な条件に導く交渉術を習得すること
② 社内汎用プロセスやルールにて社内議論を行うための社内フレームワークを策定すること
③ ディールメイクからPMIまで，一貫して責任を持つM&A専任者を置くこと

2．ゲーム的状況とは何か？

ゲーム的状況とは複数意見の対立状態です。ゲーム的状況の解決には，当事者同士で交渉を行い，妥協点を形成する必要があります。M&A交渉ゲームの特徴は，法律や会計制度などの「順守するべき制約条件」を前提とし，交渉フ

レームワークの存在によってコントロールド交渉ゲームもしくはアンコントロールド交渉ゲームに分けられます。

「順守するべき制約条件」を前提としたゲーム

M&Aにおけるゲームとは，交渉相手から有利な条件を勝ち取るだけでなく，各国法律と会計税務規則を順守していることが求められます。組織再編スキームから統合計画まで，人事，労務，会計，税務，独占禁止法，タックスヘイブン対策税制，移転価格税制，アームスレングスルールなど，「順守するべき制約条件」を前提とするゲームです。

しかし，M&Aに関する各国法制度が整備されていないため，独占禁止法やタックスヘイブン対策税制などのコンプライアンス順守など「不法行為にあたらないか」の判断が，各国当局に委ねられています。M&Aのゲーム的状況は，このような当局の司法判断対応という制約条件を満たしながら，当事者同士の妥協点を模索する交渉になることが特徴です。

これだけあるクロスボーダーディール特有の順守するべき制約条件

クロスボーダーM&Aの共通課題	
①支配力移転に伴う外資規制（出資規制），②国際税務（タックスヘイブン税制，PE課税，みなし配当，移転価格等），③証券取引法，④独占禁止法，⑤外為規制（為替ヘッジ規制，資金集約規制，送金規制，対外支払い規制），⑥TOB規制，⑦BEPS（税源浸食と利益移転）	
クロスボーダーM&Aの地域課題	
地域	異なる視点の例
インド	①州法ファイリング，②TOB規制強化，③リバースブックビルディング，④債権流動化，⑤資金集約化，⑥本社への送金方法
中国	①グループファイナンスに対する外資規制，②クロスボーダー人民元決済（香港経由決済，ドル決済併用），③直接委託融資による資金集約（間接的な銀行仲介委託融資），④ドル決済会社に対する内部貸付，⑤債権譲渡スキーム
ベトナム	①州法ファイリング，②USD取引の非流動性
タイ	①外貨プーリング＆オートスイープ（規制緩和），②ノーショナルプーリング
米国	①F4対応，②州法ファイリング，③FAS141/141R
欧州	①英国法に基づく欧州内組織再編 ②外為規制（極めて高い税金，手数料）

クロスボーダーM&Aにおけるリスクの中でも，利益移転に関する3つの制約条件「BEPS，移転価格，アームスレングスルール」が，近年注目されています。

コントロールド交渉ゲームとアンコントロールド交渉ゲーム

ゲーム的状況は「コントロールド交渉ゲーム」と「アンコントロールド交渉ゲーム」に大別されます。コントロールド交渉ゲームとは，進行役を担う第三者，ルールやフレームワークが整備されている交渉です。アンコントロールド交渉ゲームは交渉参加者に汎用的なフレームワークやツール，ルールが整備されていない交渉です。

社外交渉はコントロールド，社内交渉はアンコントロールド

一般的に交渉とは社外交渉です。M&Aを案件化させるためには，社内でのさまざまな対立意見を調整し得て，水面下での社外交渉がスタートします。社外交渉は，価値算定方法やバリュエーションツールなど国際ルールともいうべき汎用的フレームワークを用いることについてコンセンサスがあります。社外交渉は，国際的フレームワークに基づいたコントロールド交渉ゲームといえます。

しかし，社内交渉には国際的汎用フレームワークがありません。M&A推進に関する内部規則や規定／規程は，各会社の方針であり，その整備状況は千差万別です。会社にはいろいろな組織や，さまざまな人間関係があります。問題なのは，M&Aを社内検討するときの具体的フレームワークがないために，意見の対立が発生した時にカオス（混沌，無秩序）状態にての問題解決が求められます。どのような対立軸にあるのか，ミクロ／マクロの視点でそれぞれの対立意見がぶつかり合い，全体評価のどこの部分での問題なのかが誰も認識できないまま，問題解決がなされるため，時として非合理的な反対や決定が起こりえます。会社の内部ルールとして社内汎用的なフレームワークがないことは，アンコントロールド交渉ゲームをもたらします。

▶ 社内交渉と社外交渉の比較

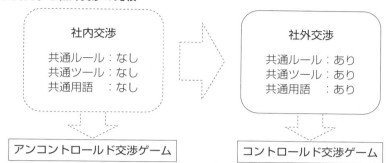

社外交渉では，第三者の役割が重要な役割を果たします。第三者とは，投資銀行，金融機関などのアドバイザー，コンサルティング会社，弁護士，会計士，税理士などの専門家です。第三者によってプロセス管理やルール策定が行われ，それを前提に交渉を行うコントロールド交渉ゲームに対して，第三者によるプロセスやルールがない状況にて行われる交渉はアンコントロールド交渉ゲームです。

社外交渉は，汎用ルールとフレームワークに沿ったコントロールド交渉ゲームであるため，交渉人のバリュエーションスキルやディベート力に依存します。しかし，社内交渉は，共通ルールやフレームワークのないアンコントロールド交渉ゲームであるため，交渉人には，社内の意思統一，社内の反対の声への説得などの社内調整力が必要となります。

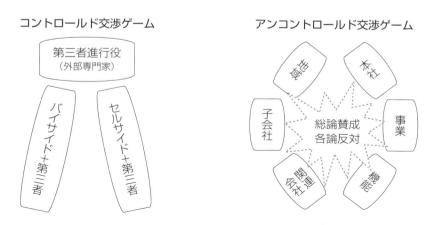

社内交渉と社外交渉を区別する理由：社内交渉の劣後的環境

ゲーム的状況解決にあたり社内交渉環境がアンコントロールになる3つの劣後性に着目します。

社内交渉環境の劣後性①：複数の交渉軸の発生
社内交渉環境の劣後性②：汎用的フレームワークの不備
社内交渉環境の劣後性③：社内交渉人の不在

社外交渉の優位性：汎用的フレームワークの存在

社外交渉の交渉環境は，社内交渉環境に比べて優位的です。理由は，フレームワークやルールのグローバルな汎用化にあります。一物多価のモノを一物一価の価格で取引合意するには「バリュエーション（価値算定）技術」が用いられます。これは，企業価値や株式価値など価値算定を行うための定量化ツールで，1990年代に投資銀行などの金融機関に広く用いられるようになりました。今では，CAPM理論やDCF法など日本の大学教育でも一般的に学びます。このようにM&A参加者が認めるグローバルな汎用ルールやフレームワークが存在していることが，社外交渉環境の優位性をもたらします。

しかし，そのような汎用的なツールがもたらした問題点もあります。本来のM&Aとは，事業法人が目利きした買収候補企業について自ら検討を行い，第三者は補助的な役割を担って，公正価値評価を行う順序であるべきはずでした。しかし，バリュエーションツールの普及によって，金融機関がシミュレーションした買収計画案が，事業法人の経営層に提案され，それに基づいて意思決定を行うという傾向が生じました。結果，M&Aの案件化（ソーシング）を第三者に頼る傾向が主流になったことにより生じたのが「第三者の利益軸」です。

社外交渉のキーポイント：第三者の利益軸

第三者たる外部専門家は，事業法人に対して契約に基づいた役務を提供するため，そのサポートは必要なものですが，過度な期待や盲目的な依存は「第三者の利益軸」によるゲーム的状況を発生させる原因になります。第三者たる外

部専門家も,「役務の報酬対価」を自らの利益として追求するゲームの一員を構成します。セルサイドとバイサイドのアドバイザーが行う価値算定において,「第三の利益軸」は大きく影響します。交渉当事者として第三者との距離を保ち,「第三者の利益軸」を常に意識する必要があります。

社外交渉における対立軸の構造

社外交渉では,セルサイドとバイサイドが経営権軸と価格軸にて対立します。セルサイドは「公正価格範囲内においてできるだけ高く売る」,バイサイドは「公正価格範囲内においてできるだけ安く買う」という明確な目標をもちます。

2次元軸でみると,第一象限は「セルサイド一方的勝利（win-lose ゾーン）」,第二象限は「双方譲歩（win-win ゾーン）」,第三象限は「バイサイド一方的勝利（win-lose ゾーン）」,第四象限は「双方譲歩（win-win ゾーン）」になります。バイサイドの交渉方針は,第三象限を狙いながらも,交渉妥結点は第二象限もしくは第四象限の双方譲歩ゾーンになります。通常,過剰のれんを回避するほうが優先しますので,「価格を優先し,経営権を譲歩する」第二象限を狙うことがバイサイドの交渉方針になります。

▶ 社外交渉の交渉軸

8 序 論 M&A 交渉人養成プログラムの概要

▶ バイサイドが目指すべき方向と「第三者の利益軸」

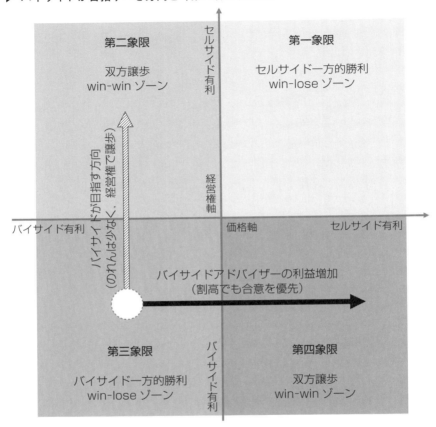

　バイサイドのアドバイザーの見地からすると，ディールが成立した場合にのみ対価が発生するため，第三象限から第四象限を目指すほうが，合意に至る確率が高くなります。これがバイサイドの「第三者の利益軸」の発生になりますので，バイサイドの事業法人は自ら交渉戦略を吟味する必要があります。

▶ セルサイドが目指すべき方向と「第三者の利益軸」

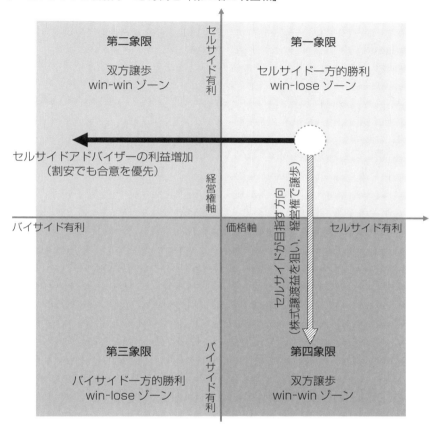

　セルサイドも同様に，セルサイドが本来狙うべき方針と比較して，セルサイドアドバイザーの「第三者の利益軸」が発生することの認識が必要です。

社内交渉の特異性：社内対立軸は無数に存在する

　社内には実体のない複数の対立勢力が発生します。本社，地域拠点，事業体，機能部門などの立場によって反対や賛成の意向が流動的になる場合や社内政治的に明示できない場合が多いからです。

　対立する実体は，「本社 vs 地域拠点」，「本社（ある本社組織）vs 本社（別の本社組織）」，「地域拠点 vs 事業」，「事業 vs 機能部門」など，対立軸は無数に発現します。

▶ 社内交渉の対立軸は無数に存在する

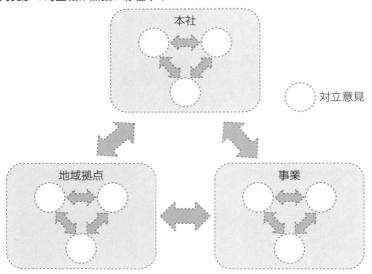

3．社内交渉フレームワーク整備の重要性

社内交渉の第一歩は「汎用的フレームワークの整備」から

　社内交渉のゲーム的状況のマネジメントは，社外交渉より困難と言えます。検討プロセスやルールなどのフレームワークが定められない限りは，社内の各ポジションの意見が互いにかみ合いません。やみくもに関係者が集まってM&A検討会を行っても，各自の問題意識の視点が異なるため，議論は紛糾してしまいます。社内交渉を論理的に推進する基軸となる汎用的フレームワークの整備を行いましょう。

「組織設計5階層モデル」と「組織設計PDCAサイクル」を回そう

　社内汎用的フレームワークを用いれば，対立する意見が一体どの階層での問題を提起しているのか，対立する意見がどのような対立軸上に成り立っているのか，など論理的に分析することができます。

　本書では，社内交渉フレームワークとして，「組織設計5階層モデル」と「組織設計PDCAサイクル」を提唱します。

4．プロセス間の断絶回避の重要性

社内交渉と社外交渉は連続している

　M&Aディールは，社内検討期間を経てディール実行フェーズ，契約書調印を経て，統合期間に移行します。検討期間での実務担当者と，統合期間での実務担当者が異なるため，プレディールとポストディール間で「プロセス間の人的断絶」が発生します。プレディールやディールプロセスで策定された統合計画が，ポストディール担当者に引き継がれない事案が発生します。

プレとポストの「人的断絶」がもたらすゲーム的状況

　プレディールとポストディールを行う実務担当者が異なることは，大きな問題と考えるべきでしょう。ただし，背景には重要事実の認識という法令順守問題が存在します。経営陣は，重要事実を認識したときに，一般株主に開示する善管注意義務を負っているため，株式価値に影響を与えるM&Aに関しては，確実にディールの実行が決定されるまで秘匿下にて検討することを余儀なくされます。この結果，しかるべき情報開示がなされた後に，多くの社員がその事実を知るというタイムラグを生んでしまいます。

　経営統合の本格的な検討では，それまでの本社主導のプロジェクトメンバーから，事業主体のプロジェクトメンバーに代わります。このプロセス間に生じた「人的断絶」は，さまざまなゲーム的状況を発生させ，会社に不利益を及ぼすリスクがあります。株価算定の前提となった「統合後の事業計画」がどのような前提のもと，何を意図して作成されたのかの引き継ぎがなされない事案になります。

　PMI実行を担当する事業体の担当者は，買収先企業との経営統合委員会などを改めてスタートさせて，新しいPMIプランを作成することになります。ディール前後で担当者が入れ替わるため，はじめから統合計画を策定しなおすという事態に陥ります。プレディールは本社主導，ポストディールは事業体主導というプロセスの人的断絶が，ゲーム的状況を発生させます。

PMI実行フェーズに引き継がなければならないことはこんなにある

　具体的な，社内交渉ゲームのテーマの一例です。交渉当事者は，「本社 vs 地域拠点」，「地域拠点 vs 事業」のテーマを体系的に整理し，整合性ある計画を実行に移します。

---
① 地域拠点統合交渉
② 製品ミックスの入替と地域拠点ミッションに関する交渉
③ 物流 SCM の内製化もしくは外製化交渉
④ 販売会社の連結化もしくは非連結化交渉
⑤ 地域拠点資産の事業への割当（BS 分割）と投資回収評価交渉（対 KPI）
⑥ 設計変更における開発要件交渉
⑦ 企画原価ビッド方式による生産受注交渉
⑧ 販売価格値引きと原価低減交渉

　それぞれの部門の専門家の知識，経験，性格，責任感の違い，セクショナリズムから，本来の担当部署が機能しない事案が多く発生します。その結果，形骸化してディールは進み，形式的なクロージングは行ったものの，シナジー効果を生み出す計画的な組織統合は行われず，最終的に M&A 失敗に終わります。

M&A 推進ノウハウを社内共有化できている企業は10%に満たない

　多くの企業では，M&A に対する過去の経験やノウハウについて，社内共有化ができていません。M&A ノウハウを文書化し，社内ノウハウとして共有化できる企業はおおよそ1割にとどまり，9割の企業では M&A に関するノウハウは属人的です。M&A を推進できる人材は，本社の経営企画，法務，人事労政，経理財務などの一部の部署のごく限られた専門職として認識されています。

　会社の資産として共有するべき M&A ノウハウが，一部の人材にとどまっており，ノウハウの明文化や情報共有化を通して会社資産として承継できていないことは問題です。M&A 成功と失敗経験をもとに，社内フレームワークとして確立する必要があります。経営陣はどのように M&A に関するノウハウを会社資産にできるかを考えなければなりません。

5．ゲーム的状況はどうすればコントロールできるのか？

ノウハウの汎用化と共有化が，ゲーム的状況排除に威力を発揮する

　社内交渉がゲーム的状況になる理由は，各プロセスにおける社内参加者の思惑により，恣意的に対立軸が形成されるためです。このようなゲーム的状況をできるだけ排除するためには，恣意性の余地をなくす仕組みが必要です。組織設計に関する情報やノウハウを社内共有することが，ゲーム的状況のコントロールに威力を発揮します。

社内ルールとプロセスの規則化によって「社内交渉環境」を育成する

　プロジェクトメンバー間のテクニカルな技量や情報の非対称性も，ゲーム的状況発生の要因です。テクニカルな情報量，知識量，ノウハウなどの専門知識の非対称性を取り除く必要があります。しかし，バリュエーション，デューディリジェンスなどにおいて，法務，会計，税務，人事，労政の専門的知識は広範に及びます。

　M&A全般に慣れた社内専門家が存在せず，社内ノウハウも蓄積していない企業は，本来なら行うべき検討項目が何かさえ，「認識できていなかった」事案に陥り，失敗の本質的な原因になります。社内に汎用的なルールや推進プロセスなどのフレームワークを導入することが必要です。

交渉人養成ポイント 1

- ✓ M&A 交渉のゲーム的状況の特徴を理解し，コントロールド交渉ゲームとアンコントロールド交渉ゲームそれぞれのマネジメント手法を習得する。
- ✓ 社外交渉は国際的フレームワークに基づいたコントロールド交渉ゲームであることを理解し，バリュエーションなど戦略的技術を磨く。交渉妥結点が第三者の利益軸の影響を受けないように自らディールをマネジメントする意識を養う。
- ✓ 社内交渉は汎用的フレームワークが存在しないため，無数の対立軸が発生するアンコントロールド交渉ゲームであることを理解する。社内フレームワーク策定のため，組織設計 5 階層モデルと組織設計 PDCA サイクルのフレームワークを習得する。組織設計ノウハウを社内規則化し，社内交渉環境の整備を目指す。

第2章

M&A 社内交渉人の必要性

1．なぜ，M&A 交渉人が必要とされるのか？

社内交渉人の使命：ゲーム的状況の回避と排除

　M&A を案件化させるためには，社内交渉戦略が必要です。会社にはいろいろな組織や人が存在し，さまざまな人間関係と社内対立があります。しかし，社内交渉には共通ルールがありません。M&A 推進プロセスに関する内部規則は会社ごと異なり，社内交渉では非合理な決定が起こりえます。

　ゲーム的状況の発生がどのような理由や条件によって起こるのかを理解して，回避かつ排除することが M&A 社内交渉人の役割です。ゲーム的状況を完全に排除することは不可能です。したがって，ゲーム的状況を解決しながら，対立を回避かつ排除させ，全体合意を形成することが，M&A 社内交渉人の役目です。

社内交渉環境の整備

　社内交渉人は，客観的に投資回収分析を行い，検討事案が会社の利益になる M&A である論拠性を示し，対立意見に対して自ら抗弁できることが重要です。

　ゲーム的状況の回避と排除を目的とした社内交渉環境の整備のために，社内にない概念やルールを社内規則（フレームワーク）として導入する社内コンセンサスを育成しなければなりません。社内交渉人と社内コンセンサスの育成は，社内交渉環境整備への一連のアクションです。

組織設計フレームワーク：構成要素の分解と再構築

　社内交渉における組織設計のフレームワークは，「取引を分類する手法」と「組織の階層を設計する手法」で構成されます。主たる取引の商流工程と，その付加価値源泉地をポイントで結ぶことで収益の発生構造を明らかにします。5つの階層ごとに PDCA サイクルを回すことによって，地域拠点，事業セグメント，機能の最適配置，出資による支配力について「論理性がある」グローバル組織が設計できます。「論理性がある」組織とは，「組織設計が合理的な経営意図によって設計された」組織であることを意味します。

　社内対立軸をマネジメントするための社内規則として，M&A 推進体制の構築，M&A プロセスの明文化，PMI 推進プロセスのルール化を提示します。社内交渉における共通ルール，共通ツール，共通言語となる組織設計フレームワークを提示することも M&A 交渉人の重要な役割です。

ディール全般を通した「指揮者」の育成が必須

　事業戦略，財務戦略，人事戦略など，企業は多くの戦略を持ちますが，戦略立案と戦略実行の主体が異なることもゲーム的状況が発生する要因です。本社が立てた戦略目標について，実際には異なる部門がかかわるとき，同じ企業内で複数の戦略推進者による役務配分，収益配分などのゲーム的状況が発生します。したがって，ゲーム的状況を回避するためにはディール全体をマネジメントできる指揮者が必要とされます。

　優れた指揮者は，結末を設定し，全体ストーリーを組み立て，実行に落とし込みます。明確な目標を見据えてディールを推進します。このような優れた指揮者がいるディールチームは，各専門家の個性を発揮できるようなリーダーシップのもと，巧みな戦術がストーリーとして共有され，自律的に行動を起こすプロフェッショナリズムが機能し，M&A ディールは輝きを放ちます。

　そのような指揮者がいないディールは，明確な戦略が共有されることもなく，形骸的に進行され，ゲーム的状況を解決できないまま迷走します。

2．M&A 交渉人に求められる資質

2-1．社外交渉に求められる資質

交渉力学を見極める資質

　交渉人が属する企業やディールの性質を，交渉相手との交渉力学上の相対位置として認識することが必要です。交渉相手と自身の組織を客観的に捉えて，ディールの性質を把握し，交渉妥結点を見定めながら，自身がどのような交渉カードを持ち，どのように駆け引きしながら，譲歩できる点，譲歩できない点を担保できる資質が求められます。交渉において自陣に有利に導くためには，自身の得意とする交渉カードを持つことが重要です。

　M&A 交渉にて，多彩な交渉カードと勝ちパターンを学ぶことで，交渉力を身に着けることができます。「定石の勝ちパターンを持っていること」も，交渉人に求められる資質です。

第三の利害関係者の恣意性を見極める資質

　第三の利害関係者として財務アドバイザー，法務アドバイザーなどの専門家に頼ることになります。外部専門家の参加によって，複数人のゲーム的状況が発生します。

　セルサイドのアドバイザーは，売却先にかかわらずディールが成立すれば手数料を得ることができますが，バイサイドのアドバイザーは，自身のクライアントが有利な提示をしないと成功手数料が入りません。そのため，ディール成立を優先して，提案内容に恣意性が入ってしまう事案があります。

　クライアントサイドが，バリュエーションなどのテクニカルな交渉について過度に依存する場合も要注意です。提案の意味や，契約書の内容も理解しないまま，不利な契約をするケースがありますので，契約主体者として提供される役務（サービス）を自身で理解することが求められます。事業法人が自ら作成するべき事業計画や PMI 計画を外部専門家に依存しすぎたり盲目的に従いすぎることのリスクを認識する資質です。

意思決定権を持つ経営層に的確な現状を伝え，ディールメイクと舵取りを行うためには，指揮者としてディール経験値が高いだけでなく，複数人のゲーム的状況を理解し，責任感と自らの意思を持ってマネジメントできる資質が求められます。

バリュエーション知識を実体験として応用できる資質

　社外交渉に勝つも負けるも交渉人のバリュエーション技量次第です。M&Aを推進するためには，体系的な法律知識，企業財務知識，価値計算，ストラクチャリング，デューディリジェンスなどディール実務推進上の広範な知識が必要とされます。

　バリュエーション技量とは，ディールの失敗と成功を積んで養成される経験的知識です。支配力や影響力という会計上の知識を，実際の組織内にて実効力を発揮させることがいかに困難であるかは，組織内での実体験がないと認識できない性質のものです。ゲーム的状況や交渉力学という概念を現場感覚で理解する資質が求められます。

2-2．社内交渉に求められる資質

「オーケストラ型チームの指揮者」たる資質

　M&Aの各プロセスは，それぞれの分野の専門家が必要に応じて集合する「オーケストラ型チーム」が最適です。法務，財務，経理，人事，労務などの専門家がそれぞれの専門パートを受け持ち，経営企画部門が事務局を担います。指揮者役は，事務局の中心メンバーを指名するのが理想的です。意思決定権をもつ経営層はそのような人選を仕組む必要があります。

オーケストラ型チームの特徴

- ■代表取締役の直下によるプロジェクトチーム
- ■専門家集団による分業体制
- ■オーケストラ型チームの成否決定因子は，「プレ&ポストディールを通した指揮者」の存在。各プロセスの推進能力がある人材をディール全体の継続的推進責任者として配置する

20　序　論　M&A 交渉人養成プログラムの概要

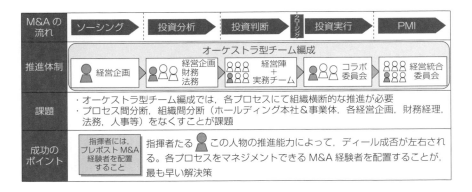

「問題解決型リーダーシップ」の資質

　各 M&A プロセスにおいて，企業内専門家を連携させるためには，問題解決型リーダーシップが求められます。問題解決型リーダーシップとは，自分自身で解決への道筋を考え，自分の言葉で語ることができ，判断することができる力です。多くの交渉選択肢から，優先事項と非優先事項をあらかじめ星取表でまとめるなど，戦略的に導く力が求められます。

本書は「組織設計工程の疑似体験」

　M&A 交渉人の社内育成には，実戦経験は必須です。M&A 交渉人には，広範な知識を戦略に落とし込む資質が重視されるため，社内で育成するには相当なディール経験を積ませることが必要になります。

　M&A 交渉ゲームが目指すところは，あらゆる社外交渉，社内交渉において発生するゲーム的状況を仮想的に経験し，組織設計工程の疑似体験を通じて，社内交渉，社外交渉でのあらゆるゲーム的状況を回避かつ排除できる人材を社内育成することです。

交渉人養成ポイント 2

- ✓ M&A 社内交渉人の育成は，プレディールとポストディールを一貫して推進できる指揮者育成であること理解する。専門家集団を率いるオーケストラ型チームのリーダーとして，第三者に依存しすぎることない資質を養い，プレとポストのプロセスの人的断絶をなくすという自律的プレイヤーとしての責任感を持つ。
- ✓ M&A 交渉人として，社外交渉と社内交渉に必要とされる資質を認識する。広範な知識体系の習得に加え，M&A 組織設計や交渉に落とし込む独自のディール観を成熟させる。M&A 交渉ゲームにて，組織設計工程の疑似体験を積み，定石となる勝ちパターンを習得することは独自のディール観を成熟させる手段である。

第1部

社内交渉プログラム

序章

組織設計フレームワークの概要

1.「取引」に着眼する

1-1.「主たる取引」の選定

　組織統合の手法は，組織構成を主体に再構築するエンティティ（実体）アプローチと取引の再構築を行う取引アプローチの2つの方法があります。本書では取引アプローチを用います。

　統合計画検討において，買収企業と被買収企業を取引ベースで統合を行うことの利点は，地域拠点の特徴から，ロジスティクス機能，金融機能，統合実務上で用いるITシステム要素設計までを分析し，統合のシナジーや意義を把握できることです。取引ビッグデータから，取引の属性ごとにグルーピングを行い主たる取引，従たる取引，それ以外の取引に分類します。これによって，統合計画方針を取引ベースで可視化し，再構築された地域拠点や子会社のミッションや存在意義を明確化させることができます。

「主たる取引」抽出の基本

　取引は付加価値取引と非付加価値取引に分類されます。主たる取引とは，付加価値を生み出す取引を抽出する作業です。「どこから」「何を」「どこで」「どこへ」の取引フローにおいて，付加価値が生み出されたポイントを明確にします。

① どこから：連結の入りとなる取引を特定します
② 何を：どのような付加価値を創出したのかを特定します
③ どこで：付加価値利益発生ポイントを特定します
④ どこへ：連結の出となる最終売上計上地を特定します

どのポイントにおいて，どのような付加価値を創出したかを主たる取引で総括すると，移転価格税制における原産国判定基準の抗弁要素の基礎論拠になります。

▶ **付加価値を生み出さない取引**

▶ **付加価値を生み出す取引**

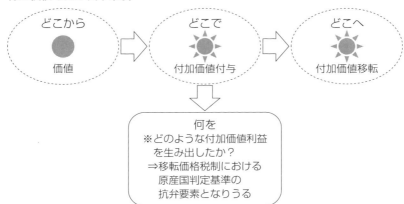

1－2．「財取引」と「役務取引」の分類

組織設計の最小単位である取引の分析から始めましょう。企業の付加価値源泉となる主たる取引をより創出することが，組織統合の基本コンセプトです。

取引が目に見えるものは「財取引」，取引が目に見えないサービスなどの取引を「役務取引」と区分します。

財取引は，モノの移動を伴うため，売買契約を締結します。売り手の財産権移転義務と買い手の代金支払い義務は，同時履行の原則という法的拘束力のうえに成り立ちます。国際間財取引においては，売り手は完全な状態で目的物を引き渡す義務を負っているため，物流機能の内製化や3PL等のロジスティック専門業者へ委託する必要が生じます。また，決済通貨の種類や振込口座のある国などを確定させる必要があります。

主たる取引となる財取引には，ロジスティクス機能，金融機能，IT機能などの役務取引が伴います。役務取引は集約的役務機能と戦略的役務機能に分かれ，後者は付加価値創出取引としてチャレンジできる可能性を持った取引といえます。

1-3.「付加価値」と「非付加価値」の分類

財取引と役務取引に対して，重要な属性である付加価値取引，非付加価値取引を付与し，分類します。

① 主たる取引，従たる取引は付加価値取引，それ以外は非付加価値取引
② 付加価値取引における利益移転国と利益移転先国

主たる取引	⇒	付加価値源泉となる財取引
従たる取引	⇒	BEPS時代の新しい戦略的役務取引 付加価値源泉へのチャレンジ
それ以外の取引	⇒	パススルー化された財取引 オペレーション集約化された役務取引

財取引はモノの移転を伴うため，原産品判定基準の策定が可能です。たとえば，自動車部品は，モジュール化やノックダウン生産方式といったグローバル

分業体制が進んだため，過度な利益移転の問題が発生しました。輸出入国間では自国の原産品の判定基準を定めています。たとえば，日本とインドネシアのEPAでは，日本の原産品の判定基準を定めており，「加工の結果，産品に付加された価値が特定の比率（例：30％〜40％）以上となる場合に，原産品とする」と定義されています。ただし，EPAやTPPのような貿易協定が存在しても，個別企業の問題として利益移転元国の当局から税務否認されてしまうリスクがあります。

　利益移転を行うと，利益移転元国と利益移転先国の税務当局との間で国際税務リスクが発生します。利益移転の適切性について，個別の企業レベルで抗弁できるよう組織設計を行う必要があります。取引に着目する組織設計の本質は，主たる取引から創出される付加価値論拠付けであり，企業の付加価値がどの取引から生じるのか，その取引の付加価値性に疑義が生じないように自衛するためのものです。

1−4．取引を設計してみよう

道具を使ってキャンパスに描いてみましょう。

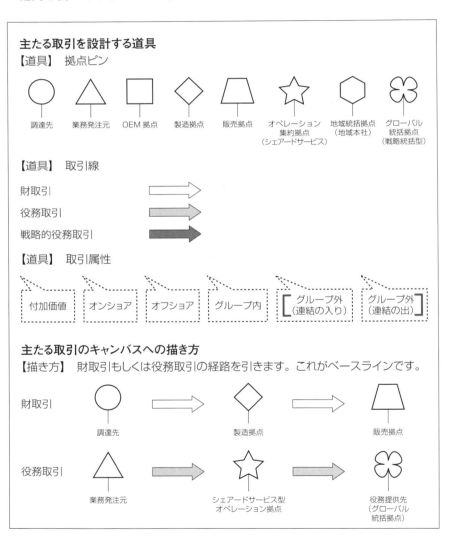

取引を分類する属性①：付加価値取引と非付加価値取引

　付加価値創出ポイントを明確化する理由は，利益移転元国と利益移転先国との間の利益分配の適格さを担保するためです。移転価格税制とアームスレングスルールによって，国内から国外へまたはグループ間の利益移転には制約があります。

【描き方】　付加価値が発生したポイントを明確にし，付加価値属性を与えます。

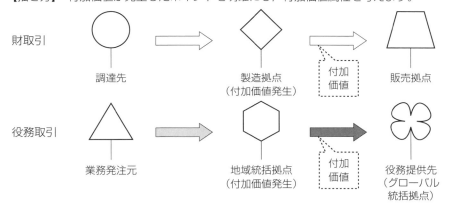

取引を分類する属性②：オフショアとオンショアの分類

　オフショア取引とは，クロスボーダー取引です。利益移転元国と利益移転先

【描き方】　オンショア取引もしくはオフショア取引による属性を与えます。

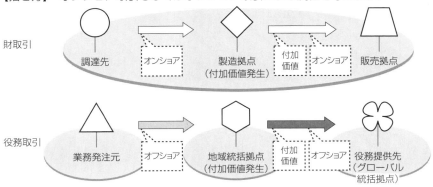

国の間において、移転価格のリスクがあります。オンショア取引とは、同国内における取引ですので、移転価格上の問題は発生しません。

取引を分類する属性③：グループ内、グループ外取引の分類

グループ内取引の属性は、グループ間取引価格について移転価格税制のアームスレングスルール適用を定めます。「連結の入り」、「連結の出」という属性にて、アームスレングスルール適用取引が定まります。

【描き方】 グループ外もしくはグループ内か、グループ外取引ならば、連結の入りと連結の出の属性を与えます。

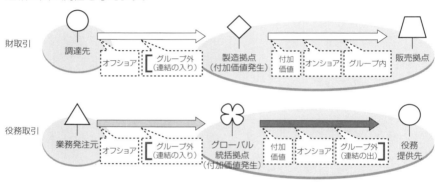

グループ内クロスボーダー取引の二重課税リスク

グループ内クロスボーダー取引の場合、支配力の作用によって一方に有利な取引価格が設定され一方の国内利益が逸失していると解釈されてしまうリスクがあります。各国の税務当局は独立企業間の取引価格を調査し、それをもってグループ内取引価格の適切性について抗弁を求めてくることがあります。

グローバル企業は自衛策としてグループ間取引におけるアームスレングスルールによる否認リスクを排斥するために、すべての国際間取引レートを「コスト＋一定のマージン」と設定するケースがあります。これによって、グループ間の価格設定の恣意性を排除し、アームスレングスルール準拠を担保できる反面、経済成長率の高い国での取引価格は、経済成長率の低い国より高い傾向に

ありますから、グローバルで万能の閾値を定めると矛盾が発生します。経済成長率の高い国内での独立企業間レートと比べてマージンが低いため、国外に利益移転されているという解釈に対して、組織設計時にそれに抗弁できる論拠を持たないと、利益移転先国の利益にも課税され、利益移転されたとされる利益移転元国でも課税され、同一所得に対して二重課税を受けるリスクがあります。

取引を分類する属性④：連結の入りと連結の出

一連の取引とは、調達から販売において、基点となる取引（連結の入り）と終点となる取引（連結の出）という考え方で分類します。地域拠点長にとって、連結とは本社連結の視点ではなく拠点連結が主眼になるため、拠点からみた「連結の入り」と「連結の出」の原価計算によって、企画原価の決定を行います。

▶ **拠点からみた自拠点の付加価値利益と非付加価値利益の設計**

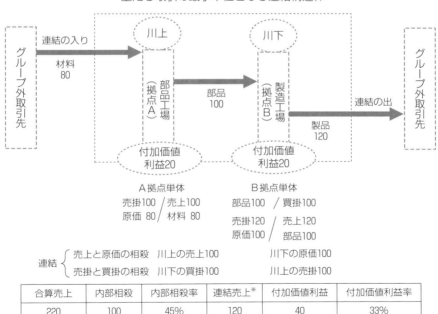

※会社によって「連結付加価値売上」と定義される。「主たる取引」は、最も付加価値利益率が高い一連の取引を構築する。

1−5．財取引と役務取引の「中間的性質」を持つ取引の出現

戦略機能による役務性収益は「付加価値売上」となりうるのか？

近年，経済のグローバル化により国際取引の多様化が進んだことにより，従来の財取引，役務取引（サービス）の中間的な性質をもった取引が出現しました。

たとえば，「ノウハウの高い生産受託先と生産委託先間の財取引（業務委託契約，委任契約，製造請負契約など）」や「専門的かつ戦略性を有する間接機能集約先と集約元間の役務性取引」です。付加価値を創出する役務取引の出現によって①戦略機能を源泉とする付加価値創出の認識，②付加価値の配分性，は解釈の余地を生み出しました。

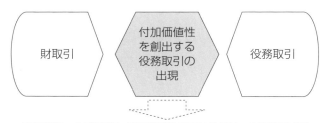

統括機能，金融機能などの戦略性の高い役務は，付加価値創造を主張でき，またそのように認識される可能性が生まれた

しかし，この新しい役務性取引を収益源泉とする収益の取り扱いについて，国際会計基準や国際税務基準の統一的な取引分類の見解がないことは，財取引or役務取引，付加価値取引or非付加価値取引という明確な判断ができないために，企業が独自に自社の付加価値取引を解釈できる余地を生み出しました。

その結果，「利益移転元国と利益移転先国との間で付加価値利益をどのように分配するのか」に争点が移り，利益移転先国に利益を移転する実体的論拠として，付加価値取引という概念が認識されました。付加価値を創造すると，その分を利益移転させることができるという論理です。こうして「付加価値」という概念が利益移転の抗弁論拠として着目されることとなりました。解釈の余地があるなら，自ら定義して論拠を構築することがBEPS時代の新しい実務要請です。

1-6. BEPS問題と費用の地域的平準化

　国際間取引において，取引価格や取引利ざやについて，関税などさまざまな制約条件が課せられます。国際間取引への課税ルールとして，組織再編税制，移転価格税制，タックスヘイブン対策税制，アームスレングスルールが整備されてきました。いずれも，無制限な収益の移転を禁じるものであり，収益移転元国と収益移転先国の当局との調整が必要な分野になります。

　国際的にコンセンサスを得ている費目は「減価償却」です。費用の「時間的平準化」，「時間的利益移転」のため会計上と税務上の誤差を解消するために減価償却が用いられ，効果期間での均等配分が認められています。

　BEPS問題の本質は，「費用の地域的平準化」と言えます。「組織再編税制では，支配力の移転があるときは税制非適格性と定義されます。移転価格税制では，異なる国と国の間の取引価格の整合性が求められます。アームスレングスルールでは，グループ内の取引価格の整合性が求められます。タックスヘイブン対策税制は，実体のないペーパーカンパニーへの利益移転を禁じています。

2．組織の「階層」を設計する手法

2-1．論理性のある組織設計のコツ

　組織設計において，地域，事業，機能，出資の4つの視点において論理性が取れていることが必要です。組織設計に際し，それぞれの視点にてひとつでも論理性の低い組織構成があれば，全体の論理性が満たされていない組織となり，問題点が発生します。

	論理性とは？
地域	地域の収益向上
事業	事業の収益向上
機能	共通機能の集約による収益向上
出資	出資者による支配力の実行

実体が目にみえる ／ 目にみえない実体のため定義が必要

2-2. 論理性のない組織：L字型，T字型組織の症状

　地域，事業，機能，出資で論理性が取れている組織は4つの視点でバランスがとられています。

▶ **4つの視点で論理性が取れている状態**

　バランスが崩れている組織にはさまざまな症状が見られます。典型例として，一部の地域拠点に事業，機能が集中したために，出資体系による支配力が及ばなくなるケースです。

▶ **4つの視点で論理性が取れていない状態**

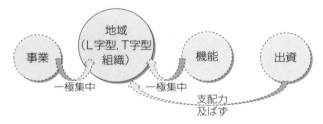

▶ L字型組織とT字型組織の症状

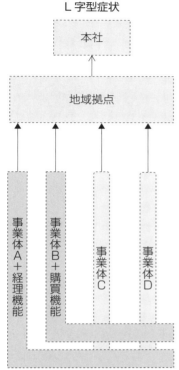
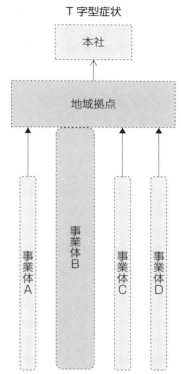

特定事業が共通機能に強い影響力を持っている状態　地域拠点における特定事業が強い影響力を持っている状態

2-3. 組織設計5階層モデル

　地域拠点，事業体，機能，出資には，組織における構成意義があります。そのため，組織設計には必然的な順序があります。M&A組織統合では，経営統合を進める複数社を階層別に統合します。組織階層が生み出す付加価値別に階層化したものが，組織設計5階層モデルです。

▶ 組織設計5階層モデル

企業組織設計図の概念	階層の意義
第5階層：グローバル組織構造	オプション価値による本源的創出
第4階層：事業への資産割当と投資回収	BS責任とFCF創出による本源的価値創出
第3階層：組織構造と支配力実体化	形態融合による本源的価値創出
第2階層：原価構造と収益構造	P/L責任による本源的価値創出
第1階層：主たる取引と商流工程設計	取引融合による本源的価値創出

5階層化することで設計順序を視覚化する

　組織形態の異なる2つの組織は，組織融合が図られます。組織設計5階層モデルはPMIの概念を，PDCA10ステップは具体的な推進方法を示します。社内の多様な対立意見の視点を視覚化し，問題解決を図るためのフレームワークです。

3.「組織設計PDCAサイクル」で運用する

ステップ1	取引の分類と属性の付与
ステップ2	主たる取引の抽出と製品ミックス再編
ステップ3	原価構造と収益構造の分析
ステップ4	経営評価指標KPIとターゲット設定
ステップ5	組織実体と組織形態の策定
ステップ6	戦略機能とオペレーション機能の分離
ステップ7	事業への資産割当
ステップ8	投資回収の評価
ステップ9	BEPS対応型グローバル組織策定とオプション価値
ステップ10	エクイティーストーリーと事業計画策定

4．「組織設計5階層モデル」と「PDCAサイクル10ステップ」の対応表

組織設計5階層モデル		PDCAサイクル10ステップ	
第5階層	グローバル組織構造	ステップ10	エクイティーストーリーと事業計画策定
		ステップ9	BEPS対応型グローバル組織策定とオプション価値
第4階層	事業への資産割当と投資回収	ステップ8	投資回収の評価
		ステップ7	事業への資産割当
第3階層	組織構造と支配力実体化	ステップ6	戦略機能とオペレーション機能の分離
		ステップ5	組織実体と組織形態の策定
第2階層	原価構造と収益構造	ステップ4	経営評価指標KPIとターゲット設定
		ステップ3	原価構造と収益構造の分析
第1階層	主たる取引と商流工程設計	ステップ2	主たる取引の抽出と製品ミックス再編
		ステップ1	取引の分類と属性の付与

5. BEPS対応のグローバル組織設計法

第1階層　主たる取引と商流工程設計

インプット：
地域拠点の取引ビッグデータ

アウトプット：
取引グルーピング
取引レベルの原価構造
主たる取引の抽出
製品ミックス再編

第2階層　原価構造と収益構造

インプット：
地域拠点の主たる取引
取引グルーピングデータ
取引レベルの原価構造

アウトプット：
地域拠点の原価構造と収益構造
地域拠点の経営目標指標（KPI）

第3階層　組織構造と支配力実体化

インプット：
「主たる取引」以外の取引

アウトプット：
機能と事業の分離と最適化
地域，事業，機能の法的実体化
グローバル出資体系
連結での収益構造

第4階層　事業への資産割当と投資回収

インプット：
主たる取引の原価構造
地域拠点の設備投資
事業別の賦課基準

アウトプット：
地域拠点の投資回収（KPI）
連結での投資回収性の評価
地域拠点の単体BS
事業別の分割BS

第5階層　グローバル組織構造

インプット：
主たる取引，従たる取引

アウトプット：
戦略的機能のオプション価値評価
機能オプションによるエクイティストーリー
BEPS対応型グローバル組織
事業計画

> ### 交渉人養成ポイント3
>
> ✓ 組織設計フレームワークではM&A交渉の基礎を，組織設計5階層とPDCAサイクル10ステップの手順で習得する。地域，事業，機能，出資の4つの視点で論理性が取れた組織設計のための汎用的ツールであることを理解する。
> ✓ 取引ビックデータから主たる取引の抽出し，積み上げ式の原価構築を行い，統合後の地域拠点の特徴を定める。製品ミックス再設計とその付加価値創出の論拠は地域ごとに異なることを理解する。
> ✓ 地域，事業，機能，出資の4視点で論理性のある組織設計がなされないと，L字型症状，T字型症状が生じる。
> ✓ BEPS時代の新しい取引として戦略的役務取引の出現に着目する。付加価値創出において，財取引と役務取引の中間的性質を持つ。その戦略的役務性利益がどこの国で発生し，その付加価値がどこの国にどれだけ移転されることが合理的か論拠を構築すると，自陣に有利な移転価格にチャレンジできる。戦略的役務取引を付加価値取引として取り込んでグローバル競争の優位性を構築することが，BEPS時代の新しい実務要請である。

第1章

第1階層　主たる取引と商流工程設計

　第1階層は，主たる取引と商流工程設計による地域内最適化を行います。取引に属性を与えることにより，グルーピングを行います。大きな取引グループごとにインバウンドとアウトバウンド取引の原価構造を分析し，統合後の主たる取引を策定します。地域拠点の付加価値を創出している主たる取引を把握し，組織統合後の付加価値源泉となる主たる取引と付加価値発生ポイントを明確にします。

▶ 取引の分類と属性の付与，主たる取引の抽出と製品ミックス再編の設計

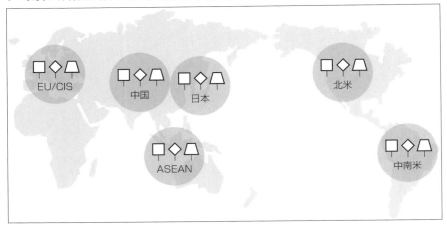

1．PDCA ステップ1：取引の分類と属性の付与

　地域拠点ベースの過去3～5年間の取引データを収集し，財取引と役務取引

の仕分けを行います。地域内もしくは国際間取引データから，地域拠点の特徴を分析します。

1-1. 取引を可視化する道具とキャンパス

組織統合の最少単位は，取引の融合です。組織設計は，取引の分類から始まります。どの国とどの国で取引するか？ 取引の対象物は何か？ 付加価値や実体がある取引か？ 自ら生み出した付加価値か？ 所有権は実体化されているか？ 支配力の移転が生じるか？ などの視点にて取引を分類し属性を与えることで，可視化させます。

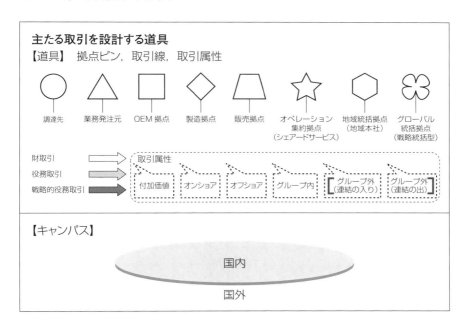

1-2. 財取引と役務取引の経路を描いてみよう

財取引もしくは役務取引の経路を引きます。これがベースラインとなります。

【取引のモチーフ】

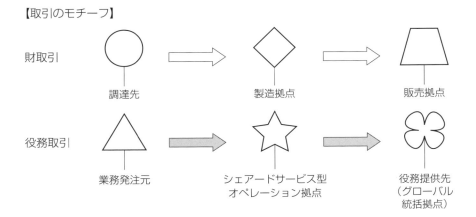

1-3. 取引に属性を付与しよう

① 付加価値取引と付加価値発生ポイント

付加価値が発生したポイントを明確にし、付加価値属性を付与します。

【取引のモチーフ】

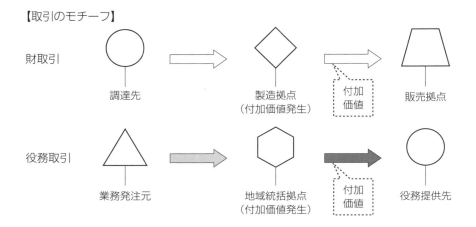

② オンショアとオフショア取引属性の付与

オンショア取引 or オフショア取引による制約属性を付与します。

【取引のモチーフ】

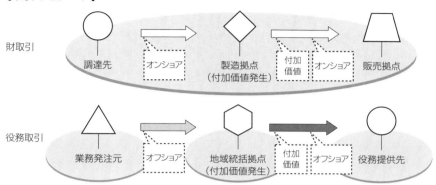

③ グループ外とグループ内属性の付与

グループ外 or グループ内，連結の入り or 連結の出の属性を付与します。

【取引のモチーフ】

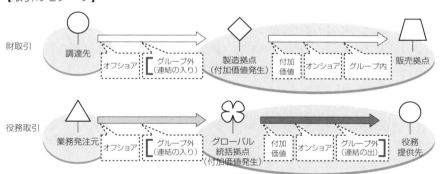

1－4．実務の流れ：取引のグルーピング

道具とキャンパスによって，取引イメージを可視化できます。統合後の主たる取引の抽出を目指して，どの取引に付加価値があるかを視覚的にイメージしましょう。

取引データの会計処理フォーマットは会社によって異なります。また，取引データは無数に上ります。そのため，取引ビッグデータを意味のあるグループに分類するためには事前にフォーマッティング処理が必要です。

▶ フォーマッティングのステップフロー

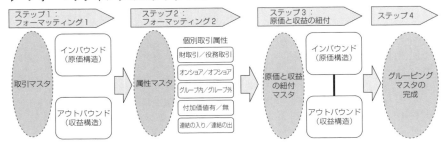

ステップ1：取引属性を付与するためのフォーマッティングを行います。

～取引マスタ作成のコツ～

効率的なフォーマッティングのために，取引マスタを作成します。インバウンド取引に原価構造属性を付与するため，T1, T2, T3の取引マスタIDを使用します。アウトバウンド取引には収益構造属性を付与するため，T4, T5, T6の取引マスタIDを使用します。属性のフラグ（オン：1，オフ：0）を立てます。

▶ 取引マスタ

インバウンド取引	取引の原価属性		
取引マスタID	原材料科目取引	営業費科目取引	営業外費科目取引
T1	1	0	0
T2	0	1	0
T3	0	0	1

アウトバウンド取引	取引の収益属性		
取引マスタID	付加価値売上取引	非付加価値売上取引	それ以外の取引
T4	1	0	0
T5	0	1	0
T6	0	0	1

ステップ2：取引ごとに属性のフラグ（オン：1，オフ：0）を立てフォーマッティングを行います。

～属性マスタ作成のコツ～

取引属性の効率的な付与のために，属性マスタを作成します。属性マスタIDとしてv1～v5を定義し，取引抽出条件に対して基本はポジティブ（フラグオン：1）とし，ネガティブの場合はフラグオフ（引数：0）とします。

属性マスタID	v1 財取引：1 役務取引：0	v2 オンショア：1 オフフォア：0	v3 グループ内：1 グループ外：0	v4 付加価値創出：1 それ以外：0	v5 連結の入り：1 連結の出：0
v1	1	0	0	0	0
v2	0	1	0	0	0
v3	0	0	1	0	0
v4	0	0	0	1	0
v5	0	0	0	0	1

ステップ3：インバウンド取引とアウトバウンド取引の紐付けを行います。

～原価と収益の紐付マスタ作成のコツ～

T4～T6の収益に対して，原価構成を割り振ります。例として，T1（原材料）は，製造原価の9割は付加価値製品，1割は非付加価値製品である指定購買部材に割り当てられるとします。T2（営業費）は，賦課される間接費用の性質が強いため，事業への賦課基準に基づき，付加価値事業，非付加価値事業，それ以外へ割り当てます。T3（営業外費用）は，金融費用などの性質が強いため，均等に配賦します。

原価と収益の紐付マスタ	T4	T5	T6
T1	90%	10%	0%
T2	50%	30%	20%
T3	33%	33%	33%

ステップ４：主たる取引の抽出母体となるグルーピングマスタを策定します。

主たる取引を満たす抽出条件群にて，グルーピングを行います。
抽出条件１＝「インバウンド：オン」，「財取引：オン」，「連結の入り：オン」
抽出条件２＝「アウトバウンド：オン」，「付加価値創出：オン」，「連結の入り：オフ」

抽出条件１＆２にてグルーピングし，その中から「主たる取引」抽出のもとになる取引グループを形成させます。

▶ グルーピングマスタの完成

取引グループID	インバウンド	v1	v2	v3	v4	v5	アウトバウンド	v1	v2	v3	v4	v5
G1												
G2												
G3												
G4												

２．PDCA ステップ２：主たる取引の抽出と製品ミックス再編

ステップ１で可視化した取引から主たる取引を抽出します。主たる取引の付加価値性を担保するために，移転する実体と付加価値創出ポイントを明確化します。取引実体が見える財取引は，その付加価値の実体と創出ポイントを明確化が容易そうですが，目に見えない役務取引は，その付加価値性を担保するには，自ら解釈し定義することが必要です。付加価値性を持つ役務性取引とは何か，その付加価値とは何かについて，自衛的に論拠を確立させることが目標です。これによって，BEPS，移転価格，アームスレングスルールなどの利益移転リスクを回避します。

2-1. 付加価値創造とは何か？

　付加価値取引は汎用的な概念であって，会計的に定義されていません。会計的に定義しようにも困難な性質のものです。このことが，付加価値創出について個々の企業に抗弁する余地を与え，BEPSのような国際税務上の問題をもたらしている本質です。国際取引を行うグローバル企業が利益移転元国の税務当局に抗弁するために，付加価値の定義を自ら論理立てることが，BEPS時代の要請です。付加価値取引で移転価格マージンの引き上げにチャレンジしてみましょう。

▶ 付加価値創造の構造

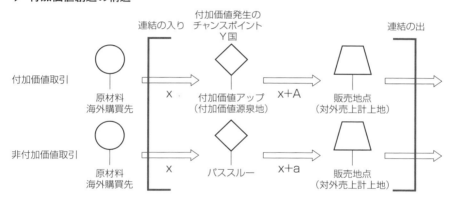

　パススルー型取引では，移転価格やアームスレングスルール以上の取引マージンを主張することが，Y国ではリスクです。このとき，A＞aのように利益マージンのより高い取引を行うことをY国に対して抗弁するために付加価値取引を用います。利益移転元国の当局に対して，移転価格やアームスレングスルール以上の利益マージンを抗弁するために用いられる概念が付加価値です。

　地域拠点における付加価値創出の正当性は，利益移転元国もしくは利益移転先国の税務当局と企業との相対での交渉事になります。サービス提供にどのような付加価値をつけたのかの論拠を説明できれば，税務当局に抗弁ができます。

2-2. 付加価値売上と非付加価値売上に分けることの意義

付加価値売上と非付加価値売上に分けることにはどのような意義があるのでしょうか？ 例としてある地域拠点の3年～5年分平均値から過去の成績を見てみましょう。

▶ ある地域拠点　3～5年平均値による原価構造と収益構造

総売上高	100.0%
原材料費	60.0%
直接営業費	15.0%
間接営業費	20.0%
営業利益	5.0%

付加価値売上	50.0%
原材料費	60.0%
直接営業費	15.0%
間接営業費	20.0%
付加価値営業利益	5.0%

非付加価値売上	50.0%
売上原価	95.0%
非付加価値営業利益	5.0%
合算営業利益	5.0%

財取引が行われると，付随した機能による役務性費用が発生します。営業費用に計上される役務性費用には，直接営業費と間接営業費があります。

直接営業費とは，特定の事業体に賦課される費用，間接営業費とは，共通費用として，複数事業体に賦課される費用です。

付加価値売上と非付加価値売上の割合に対して，「5％付加価値売上の割合を増やしたらどうなるか」を試してみましょう。付加価値売上55％，非付加価値売上45％にするという拠点方針を立てたとします。

付加価値売上	55.0%	↑5%
原材料費	60.0%	
直接営業費	15.0%	
間接営業費	20.0%	
付加価値営業利益	5.0%	→

非付加価値売上	45.0%	↓△5%
売上原価	95.0%	
非付加価値営業利益	5.0%	
合算営業利益	5.0%	→

　合算営業利益率は5％のままです。付加価値売上の比率を変えても，合算営業利益は5％のままです。それは付加価値売上と非付加価値売上の原価構造と収益構造が等しいからです。

　着目すべきことは，原価構造を変化させなければ営業利益率（収益構造）は変わらないということです。現在の製品ミックスの割合において，付加価値売上：非付加価値売上＝50：50をベースとしているため，同様な製品ミックスの中で付加価値売上割合を変化させる構造改革を行っても，合算営業利益率は改善されません。

　相対比率（付加価値売上割合：非付加価値売上割合＝50：50）を維持したまま，原価構造を変えるために，たとえば原材料費を△1％とするとどうなるでしょうか？

	原価低減前	原価低減後	
付加価値売上	50.0%	50.0%	→
原材料費	60.0%	59.0%	↓△1%
直接営業費	15.0%	15.0%	
間接営業費	20.0%	20.0%	
付加価値営業利益	5.0%	6.0%	↑1%

非付加価値売上	50.0%	50.0%	→
売上原価	95.0%	95.0%	
非付加価値営業利益	5.0%	5.0%	
合算営業利益	5.0%	5.5%	↑0.5%

　付加価値利益率が6.0％に，合算営業利益率が5.5％に上がりました。
　同様に，直接営業費，間接営業費も⊿1％とするとどうなるでしょうか？

	原価低減前	原価低減後	
付加価値売上	50.0%	50.0%	→
原材料費	60.0%	59.0%	↓⊿1%
直接営業費	15.0%	14.0%	↓⊿1%
間接営業費	20.0%	19.0%	↓⊿1%
付加価値営業利益	5.0%	8.0%	↑3%

非付加価値売上	50.0%	50.0%	→
売上原価	95.0%	95.0%	
非付加価値営業利益	5.0%	5.0%	
合算営業利益	5.0%	6.5%	↑1.5%

　付加価値利益率が8.0％に，合計営業利益率が6.5％に上がりました。
　付加価値取引の割合を増やしながら，原価改善を行うとどうなるでしょうか？　付加価値取引55％，費用を⊿3％にしてみます。

	原価低減前	原価低減後	
付加価値売上	50.0%	55.0%	↑5%
原材料費	60.0%	59.0%	↓⊿1%
直接営業費	15.0%	14.0%	↓⊿1%
間接営業費	20.0%	19.0%	↓⊿1%
付加価値営業利益	5.0%	8.0%	↑3%

非付加価値売上	50.0%	45.0%	↓△5%
売上原価	95.0%	95.0%	
非付加価値付加価値営業利益	5.0%	5.0%	
合算営業利益	5.0%	6.7%	↑1.7%

付加価値利益率が8.0％に，合計営業利益率が6.7％に上がりました。

付加価値利益を5％増やすことが，合算営業利益率＋0.2％をもたらしました。

付加価値売上の原価構造を改善しながら，付加価値売上の相対割合を高めることを同時に行うことが，各地域拠点の主たる取引を抽出する際の重要ポイントです。付加価値取引と非付加価値取引に分解する本質的な理由は，地域拠点の統合化において収益改善ポイントを見極めることです。

非付加価値売上の典型的な例は，本社の指示により購入しなければならない精密機械や電子部品などの指定購買部材です。地域拠点は価格決定権を持たず，本社や購買機能部門が取り交わした契約上にて販売価格が決まっており，地域拠点の努力で原価構造を改善できない取引です。

付加価値利益とは，地域拠点が自身の努力である製品や役務の付加価値取引によって生じたものであり，それをもってその付加価値性を自社の論拠にて抗弁できます。原価構造を改善させる取引も，付加価値創出取引になり得ます。

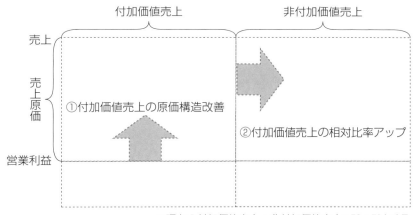

製品ミックスの割合を変化させただけでは現状の営業利益率は変化しないため，営業利益率アップの方法は
1．付加価値売上の原価構造を改善させること
2．付加価値売上の相対比率をアップさせること
の2つの戦略を同時に推進することがポイントです。

2-3．主たる取引抽出のコツ：経営指標の優先順位の高いものを選ぶ

主たる取引の抽出にあたり，製品ミックスの再構成を行います。製品別売上高，営業利益率，ベンチマーク対比によって，製品ごとの取引特徴をとらえます。製品別の取引データによって，主たる取引を選定します。たとえば，ベンチマークを営業利益率5％としましょう。

製品ミックス	売上高	営業利益率	ベンチマーク対比
製品A	100	3％	－2％
製品B	90	4％	－1％
製品C	80	8％	＋3％
製品D	70	9％	＋4％

製品Aと製品Bは，売上高のシェアは大きいですが，パススルー型の取引です。パススルー型取引は本社による価格指定取引ですので，地域拠点が付加価値付けできる取引ではありません。

製品Cと製品Dはベンチマークに対して利益マージン引き上げにチャレンジしているため，付加価値を創造している取引とわかります。また，組織統合後の拠点再編の柱たる主たる取引の有力候補です。

地域拠点ベースで優先となる経営指標があります。売上高が優先する経営指標ならば，製品A＞製品B＞製品C＞製品Dの順番になるでしょう。もし，営業利益率が優先する経営指標ならば，製品D＞製品C＞製品B＞製品Aになります。

2-4. 組織統合における主たる取引抽出のコツ

どのターゲット顧客に対して，どの拠点で，他の拠点と連携して付加価値を創出するか（半製品付加価値），自拠点だけで創出するか（完成品付加価値）を紐づける作業が主たる取引の抽出になります。

半製品付加価値モデルと完成品付加価値モデルのメリット・デメリットは何でしょうか？　もし，他拠点と連携して付加価値を創出するなら，他拠点の生産設備を使用できますので設備投資の投入はゼロもしくは最小限で，BS関連の経営指標（KPI）に影響を与えません。もし，自拠点で完成品付加価値を創出するなら，設備投資が必要になり，BSに計上されます。営業利益率を上げ，売上高も増やそうとすると，設備投資も必要になるトレードオフの関係にあります。ここにゲーム的状況が発生します。

2-5. 地域拠点における主たる取引の最適化のコツ

2-5-1. 主たる取引の拠点選択の考え方

地域間拠点統合におけるゲーム的状況回避策として，「取引統合モチーフ」を用いると汎用に対応が可能です。

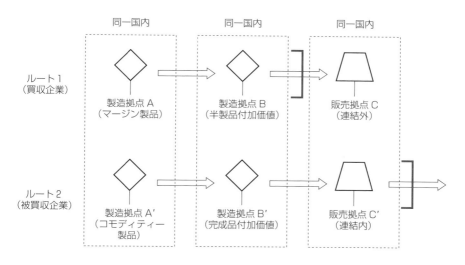

取引統合モチーフ①　マージン製品とコモディティー製品の入れ替え
取引統合モチーフ②　半製品付加価値拠点と完成品付加価値拠点の入れ替え
取引統合モチーフ③　回転率の速い商品と遅い商品の入れ替え

　主たる取引の抽出は，地域拠点の取引の性質をみて，全売上高もしくは付加価値売上高に対する「主たる取引による売上高」が占める割合の閾値を設定します。主たる取引の抽出にあたって，どれほどの取引を選定するかのおおよその目安は，連結上の全売上もしくは付加価値売上に占める主たる取引の比較が，「50％〜60％程度を満たしていること」としておけば，十分な論拠となります。

　同国内に複数拠点がある場合は，取引統合モチーフ①付加価値商品（マージン商品）とコモディティー商品（キャッシュフロー商品）の製品ミックスの入れ替えを検討します。

　付加価値売上の高い拠点Aでは，営業利益率が高いため，初期研究開発費や設備投資などに耐えられる収益構造です。組織統合によって，新商品の継続的投入によって高収益構造を再構築することができます。このような付加価値発生ポイントを，組織統合後の主たる取引の拠点として定めます。

　付加価値売上高が低い拠点A′は，パススルー型のコモディティー商品を扱う拠点です。マージン型の収益モデルではなく，キャッシュフロー型モデルへの転換が求められます。初期投資に耐えられずFCFがマイナスになってしまうため，販売回転数を上げる収益構造改革が必要です。新設備投資を必要としないと同時に，BSに償却資産を保有しない構造改革によって，低収益率でも拠点の存在意義を打ち出すことが可能です。

　取引統合モチーフ①では，同一地域の複数拠点をマージン商品とコモディティー商品で分けました。取引統合モチーフ②では，付加価値商品であるマージン商品でも，半製品と完成品で分けます。取引統合モチーフ③では，販売回転率によって，自社販社と他社販社に分けます。

第1章 第1階層 主たる取引と商流工程設計　55

▶ 取引統合モチーフ①　付加価値製品とコモディティー製品の入れ替え

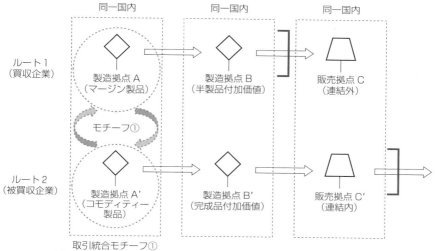

取引統合モチーフ①
マージン製品とコモディティー製品の
プロダクトミックスの入れ替え

▶ 取引統合モチーフ②　半製品付加価値拠点と完成品付加価値拠点の入れ替え

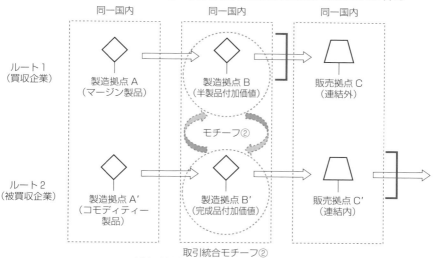

取引統合モチーフ②
半製品付加価値拠点と完成品付加価値拠点の
プロダクトミックスの入れ替え

▶ 取引統合モチーフ③　回転率の速い商品と遅い商品の連結内／連結外販社の製品ミックスの入れ替え

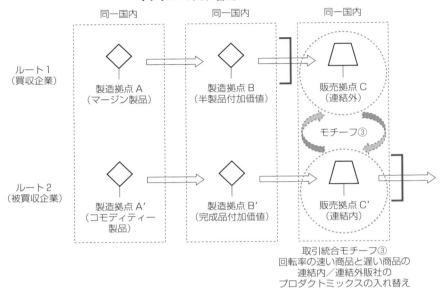

取引統合モチーフ③
回転率の速い商品と遅い商品の
連結内／連結外販社の
プロダクトミックスの入れ替え

　同国内の半製品製造拠点 B と，完成品製造拠点 B' との間では，製品ミックスの入れ替えによって，半製品付加価値拠点と完成品付加価値拠点を区別化します。共通部材の使用が可能な製品を入れ替えることによって，原材料も低減させる戦略的入れ替えです。

　販社を自社販社とするか，他社販社（オフバランス化）にするかは，製品販売回転率にて判断します。営業利益率が高くとも，回転率が遅ければ，自社販社内にある棚卸資産が長く滞留し，期末時には未実現利益として連結会計上，認識しなければなりません。

　未実現利益は，販社に至る各製造拠点にて，付加価値利益を計上すると，販社の売上原価にまだ売れていない製品の利益として計上されます。もし販社において売れ残っている場合には，未実現利益として連結相殺しなければなりません。

▶ 製品別の営業利益率と連結上の未実現利益の関係

製品ミックス	営業利益率	売上原価	期末棚卸残高	連結上の未実現利益
製品A	3%	1,000	200	6
製品B	4%	1,000	300	12
製品C	8%	1,000	400	32
製品D	9%	1,000	500	45

　製品Dのように営業利益率が高くとも，販売回転率が遅ければ，販社自体をオフバランスしたほうが合理的です。

　販売拠点Cは連結外，販売拠点C'は連結内ですから，製品ごとの売上回転率を見て，回転率の高いものは自社販社にて，回転率の低いものは他社販社にて入れ替えを行いそれぞれ商品特性に合った販社にすることが合理的です。

　営業利益率が高くとも販売回転率が遅い製品売上は，連結上の未実現利益リスクがあり連結外販社（他社販社）で受け持つにはリスクがありますが，営業利益率が低くとも販売回転率が速いものは，連結上の未実現利益リスクが少なく，連結内販社（自社販社）をオンバランスにて保有することが考えられます。

プロダクトミックス		営業利益率	売上原価	期末棚卸残高	連結上の未実現利益
連結外販社（他社販社）	製品A	3%	1,000	200	6
	製品B	4%	1,000	300	12
連結内販社（自社販社）	製品C	8%	1,000	400	32
	製品D	9%	1,000	500	45

2-5-2．主たる取引ルートの抽出

　主たる取引と付加価値発生ポイント拠点は乱立してもよくありません。

　製品ミックスにおいて主たる取引の抽出を行う方針を立てずに地域拠点を統合すると，取引ルートの乱立につながり，輸送費が統合前より増加する結果となります。また，新規研究開発費や設備投資の集中と選択ができなく，分散してしまいます。

▶ **地域拠点の統合によって取引ルートが乱立した状態**

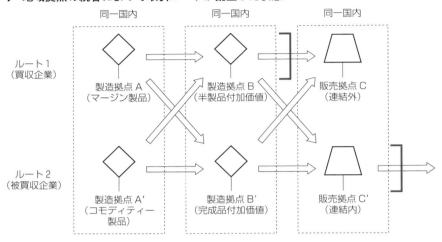

　最終の主たる取引ルートは，取引統合モチーフ①〜③に則って，下記のようになるのが理想的です。

▶ **主たる取引の抽出によって地域拠点を統合した状態**

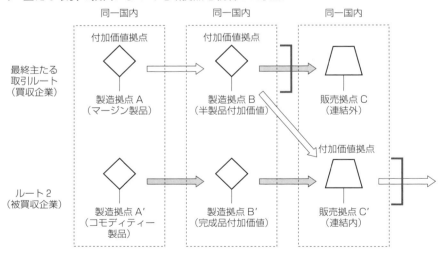

2-5-3. 地域拠点と地域統括拠点の配置

　主たる取引を同一地域内で明示化すると，下記のようになります。付加価値取引が集中する拠点が，地域統括拠点として最も合理的な拠点になります。

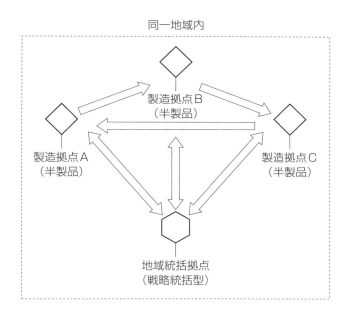

2-5-4. 実務の流れ：主たる取引の抽出

　実務ではステップ1で作成したグルーピングマスタを用いて主たる取引を策定します。

▶ 主たる取引抽出フロー

　グルーピングマスタに定義された取引グループごとに，個別取引をビッグデータから抽出し，取引ベースでの原価＆収益データをまとめます。

取引グループID	サブID	拠点	製品ID	付加価値創出	取引数量	取引額
G1	1					
	2					
	3					
	4					

　取引ベースの取扱数量，取引額と，「一連の取引」の営業利益，営業利益率を検討し，経営統合後の主たる取引とするべき製品を策定します。商品ミックスを取引統合モチーフ①〜③の手法により検討し，主たる取引の「一連の取引」ルートを決定します。

主たる取引	一連の取引ルート				営業利益率 (取引ベース)
	取引グループID	サブID	取引グループID	サブID	
M1	G1	1	G2	1	
M2	G1	2	G3	1	
M3	G2	1	G4	2	
M4	G3	1	G4	3	

　主たる取引を構成するグルーピング取引群の原価構成を加重平均して，製品ごとの原価構成を算出します。「主たる取引」以外の取引を存続するか，廃止するかは経営判断になります。部品供給や半製品ならば，外部調達先を開拓し，自社での内製化戦略からの切り替えの経営判断が求められます。

　積み上げ方式による原価構成ができました。この原価構造は，第2階層以降で収益構造設計に用いられます。

主たる取引		取引			一連の取引の原価／収益構造			
主たる取引ID	製品ID	単価	量	取引額	原材料費(%)	営業費(%)	営業外費(%)	営業利益率(%)
M1	製品A							
	製品B							
M2	製品C							
	製品D							
M3	製品E							
	製品F							

以上のプロセスにて，主たる取引のルート，付加価値利益発生ポイントが定まり，地域拠点再編と地域最適化の準備が整いました。

　次に，グローバルベースで地域統括拠点を統括するグローバル統括拠点の設計に展開します。地域拠点から地域拠点への利益移転行為の正当性を抗弁する論理として，戦略機能による役務性収益に着目します。グローバル統括拠点は，統括機能，金融機能，購買機能，IT機能などの戦略性が高い役務の集約地として，付加価値源泉地としてチャレンジすることができます。

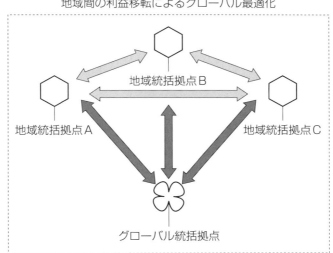

地域間の利益移転によるグローバル最適化

　ここまで，主たる取引の抽出によって地域最適化がなされました。さらに，グローバル視点にて，地域拠点間もしくはグローバル統括拠点への利益移転によるグローバル最適化の設計に進みます。

3．第1階層におけるゲーム的状況と回避策

第1階層におけるゲーム的状況	回避策
主たる取引の抽出	取引可視化道具の共有 取引グルーピング手法の共有
商品ミックスの策定	過去取引分析手法の共有 地域最適化手法の共有
付加価値創出拠点 or 非付加価値創出拠点の選択	取引統合モチーフの共有 経営指標の優先順位の共有 全体最適化手法の共有

> **交渉人養成ポイント 4**
>
> ✓ 組織設計の基礎は，取引積み上げによる原価＆収益構造の設計にある。取引ビッグデータから主たる取引を効率よく抽出するためには，データのフォーマッティング作業と属性（財取引／役務取引，付加価値／非付加価値，オンショア／オフショア，グループ内／グループ外）の付与などの前処理技術を習得する。
>
> ✓ 取引に付加価値属性を与えることが，地域拠点の統合後の主たる取引ルートの選定や，BEPSなどの利益移転に係る国際税務リスクへの担保に意義を持つことを理解する。
>
> ✓ 統合後の特徴付けを行うことの意義は，製品ミックスの入れ替えを行い，付加価値利益発生ポイントを明確化すること。地域拠点ごとの経営指標KPIを定め，製品ミックスならびに原価構造を再構築する。
>
> ✓ 主たる取引の抽出，製品ミックスの再構築におけるゲーム的状況を回避するために，取引可視化ツール，取引統合モチーフを用いて，地域最適化と全体最適化の手法を共有化する。

第1階層 組織設計シート

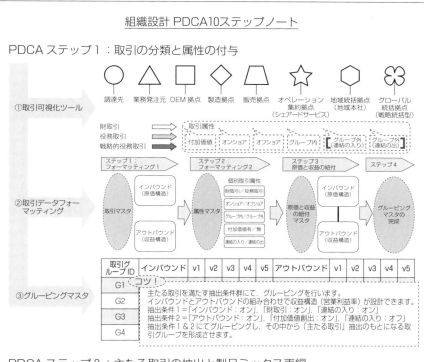

第2章

第2階層　原価構造と収益構造

　第2階層は，地域拠点や製品別の原価構造や収益構造の設計です。主たる取引となる地域拠点もしくは製品の「原価構造と収益構造」と「経営評価指標KPIとターゲット設定」を決定します。付加価値源泉ポイントの原価構造の現状と，ターゲット原価構造までを設計します。

▶ 製品ミックスの入れ替えによる，地域別原価構造の再設計

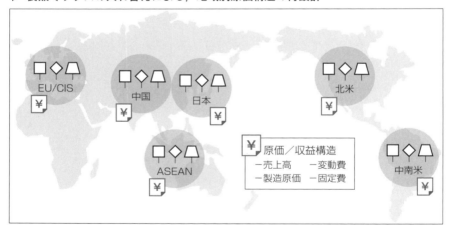

1．PDCAステップ3：原価構造と収益構造の分析

　主たる取引の抽出を構成する取引に着目し，積み上げ方式によって原価構造を策定します。同様に，従たる取引（付加価値を創出する戦略的役務取引），それ以外の取引の原価構造を策定します。地域拠点統合後の組織特徴を決定し，

それに見合った収益構造を設計することを目標とします。

1-1. 原価構造と収益構造の設計意義

　原価構造は，製造に欠かすことのできない原材料に加えて，製造に直接もしくは間接に投じられた営業費用の総体です。明確に製造原価に算入される原材料に対して，営業費用は個別の科目ごとに製造原価への算入が吟味されます。そのため，「製造に欠かすことのできない営業費用」は解釈の余地が発生し，ゲーム的状況に置かれます。直接賦課が明確な原材料費，直接労務費，直接経費などを「狭義の原価構造」とします。狭義の原価構造は，コントロールドゲーム状況下において積み上げられた「個々の取引原価の総体」です。それに対して，収益構造は生業とする事業からの投資回収の効率性評価を主眼としています。原価構造に「合理的な利鞘（マージン）」を加算したものが収益構造であるため，間接費用や共通設備の賦課の視点が付帯します。これを「広義の原価構造」とします。マージンの合理性について，個々の取引原価というミクロの視点からアプローチするのが原価構造の意義（＝狭義の原価構造）であり，コーポレートファイナンスというマクロの視点からアプローチするのが収益構造の意義（＝広義の原価構造）と言えます。原価構造は，企画原価，投資計画，

▶ **原価構造と収益構造の関連性**

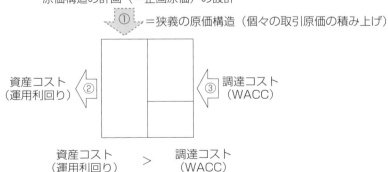

ならば，バランスシートを膨らませるほど純利益が増える（広義の原価構造＝コーポレート視点からみた収益構造）

原価低減活動のベースラインです。また，収益構造以上の投資や投資回収が行われても，収益が上がりません。

①原価構造の目標を設定する（＝直接費用による狭義の原価構造）⇒②資産コストの最低限の目標が定まる⇒③資金調達コストの最低ラインが定まる，の手順を踏んで，取引ベースの原価構造がコーポレートベースの収益構造を形成します（広義の原価構造）。

収益構造は，マクロ視点での事業ポートフォリオとしての構造と，ミクロ視点での事業や製品の構造によって構成されます。多数の事業群や商品群の中でベンチマーク指標を定め，営業利益率が低い製品は，汎用化が進んだものとし，事業レベルもしくは商品レベルでの入れ替えが行われます。営業利益率が相対的に高い製品は，付加価値利益源泉であり，稼ぎ頭（キャッシュカウ）です。

第1階層で主たる取引に着目した理由は，付加価値源泉のポイントを見極め，「どの地域拠点，どの製品，どの事業」かを明確化することでした。事業ごとの付加価値源泉を把握することは，投資戦略と密接に関連します。企業としては，付加価値源泉となる事業，地域拠点，製品に投資を行うことが投資回収の確度を高めることになります。

1-2．経営評価指標（KPI）がもたらすゲーム的状況

収益構造とは，売上高，変動費，限界利益，固定費，営業利益までの収益性を表します。売上高に対する営業利益率が高いほど，原価低減の企業努力を行ったことを意味しますので，本社は営業利益率を収益評価指標（KPI）にする傾向が強くなります。

付加価値取引をどのようにKPIに取り入れて経営評価するかによってゲーム的状況を発生させます。付加価値売上もしくは非付加価値売上を評価の母数とするのか，営業利益に付加価値収益を付加するのかによって「地域拠点vs事業体vs本社」におけるゲーム的状況が発生します。

このような経緯で，非付加価値売上と付加価値売上に分ける場合が多くなりました。非付加価値売上とは，本社がすべての事業体や拠点を代表して，購入業者の選定を行った場合，本社によって購入品が指定され，契約によって購入価格が決定されている指定購買品の売上などがあります。拠点や事業体の原価

低減努力が及ばない売上です。それに対して、付加価値売上とは、拠点や事業体の原価低減や開発などの独自の努力によって創出されたモノの売上です。個々の拠点や事業体の視点から見ると、付加価値売上が評価をうけるべき真の売上と捉えることができます。

　原価構造は、原材料費、加工費、販管費などの売上高に比例する変動費と、売上高に比例しない固定費に分解できます。変動費、固定費は、直接的に費用の賦課先が判別できるものと、本社や機能部署の費用を間接的に賦課される間接固定費によって構成されます。

▶ **付加価値の原価設計への影響とゲーム的状況**

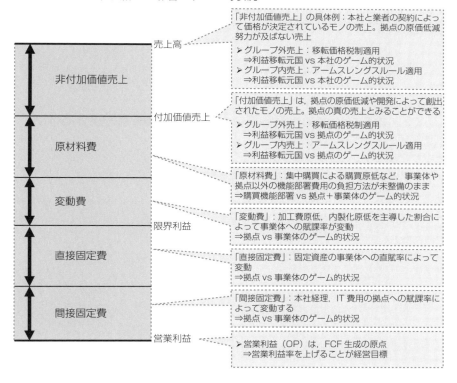

　売上高を非付加価値売上もしくは付加価値売上とするのか、原価の配賦基準をどのように定めるのかについて、ゲーム的状況が発生します。国際間取引な

らば移転価格税制の対象に，グループ外取引ならばアームスレングスルールの対象となります。利益移転元国の税務当局と移転価格を争点とするため，APAやATRによる担保が必要になります。地域拠点が窓口になりますが，本社が決定した購買価格ですので，本社が一括してAPAやATRの交渉を行うことになります。また，グループ内取引の場合，移転価格税制におけるアームスレングスルールの対象となります。この場合も，本社主導でAPA（Advanced Pricing Agreement），ATR（Advance Tax Ruling）交渉を利益移転元国当局と行う必要があります。

収益構造の視点で効率化を求めると，ひとつの地域拠点において複数の事業を集約させ，一人の作業員に複数の技能を持たせて，複数の事業の作業を行わせることが合理的です。投資する固定資産も，ひとつの事業体で独占するのではなく，複数の事業体で共有することが合理的です。生産現場での日々行われる原価低減活動の結果をどのように主体者に還元するのかも，ゲーム的状況を招きます。

1-3．地域拠点の単体原価集計が，連結原価構造と異なる理由

個々の地域拠点は，単体の財務諸表を作成します。しかし，個別の地域拠点の単体財務データを単純に合算しても，連結財務諸表にはなりません。

---
① 拠点ごとの取引先に対する与信管理基準が異なるため，同一取引先の同一部品に対する拠点別売掛金，買掛金の集計の相殺ができない（グループ内取引与信体系の不統一）
② 拠点ごとの生産部品に対する管理体系に関する基準がないため，同一部品でのグローバル生産量の集計ができない（グループ内部品体系の不統一）
③ 拠点ごとの原価集計オペレーションが異なり，タイムリーに集計できない
④ 戦略機能による役務性収益の売上認識が異なるため

1-4．入手した付加価値地域拠点の原価構造の分析

主たる取引が行われ付加価値収益が集約している地域拠点の原価構造と収益

構造のデータを入手します。各地域拠点から必ず入手が必要なデータは，製品別の収益率です。このデータがない場合は，デューディリジェンスで管理会計の不備事項にあたりますので，統廃合拠点の対象とすることが効果的です。

入手した地域拠点の原価構造データが，製品ごとに分類されているかチェックします。複数品目を取り扱う地域拠点や，複数事業の生産ラインがある地域拠点では，生産工員は一事業の直接工員ではなく，複数の役務を担当します。そのため，変動費や固定費が配賦基準に基づいて配賦されています。地域拠点の中でも，付加価値源泉となる主たる取引の対象となる製品と，コモディティー化した製品が混在したら，主たる取引の原価構造を分解する必要があります。

特に固定費の配賦基準は，減価償却負担と比例しますので，営業利益率が大きく左右される要因になります。そのため，KPIを限界利益率で測るか，営業利益率で測るかは，事業部にとって大きな論点です。

固定資産の配賦率について明確な基準がない場合があります。さらに，事業ごとのBS分割が存在しない場合，固定費の配賦率の定義によって，営業利益率が大きく異なってしまいます。統合作業を始めてから後付けで事業に配賦すると大きなゲーム的状況が生じます。

1-5. 統合対象拠点の統合後の特徴付け

統合対象となる地域拠点に焦点を当てて，原価構造のあり姿を分析し，統合後の地域拠点を特徴付けることが必要になります。付加価値商品を集約させるなら，十分な投資を行ってもプラスのFCFを生み出すことができるので，マージン経営として特徴付けることできます。また，コモディティー商品を集約させるなら，統合しても拠点の自助努力では営業利益率を上げることができないので，運転資本の効率（回転）を速めるキャッシュフロー型経営として特徴付けることができます。

---

① 付加価値商品集約型 ⇒ マージン経営
② 非付加価値（コモディティー）商品集約型 ⇒ キャッシュフロー経営

1-6. 組織性格の決定付け：プロフィットセンターとコストセンター

「プロフィットセンター型」は，利益を追求する組織体です。「コストセンター型」は，利益を追求しない組織体です。

設計要素	プロフィットセンター型組織	コストセンター型組織
会社形態	生産工場，販売会社など独立法人格（子会社），インターカンパニー（グループ内法人）	管理部門，研究開発部門
組織の目的	利益を追求する	利益を追求しない
利益の性質	事業性収益あり	事業性収益なし
機能の種類	グローバル統括機能，地域統括機能，購買機能，金融機能，販売機能など	役務性業務，グループ内委託業務，オペレーション業務，共有制役務（シェアードサービス）
対価	対価を取る	対価を取らない
財務管理	単独財務諸表を独立に作成	P/L 管理のみ。BS 分割が必要

プロフィットセンターとコストセンターの中間型組織

プロフィットセンター型とコストセンター型の中間的な意味合いを持つ組織の設計が可能です。たとえば明確なプロフィットセンターではなくとも，委託性役務（サービス）業務を主務とし必要コスト程度の収益を対価とする組織などがあります。プロフィットセンターはプロフィットセンターと融合し，コストセンターはコストセンターと融合しますが，中間的な組織は，融合の対象とはならず，その存在意義を問われます。

構造改革において，機能性役務が果たす本質的な意義とは何でしょうか？M&A 組織統合から構造改革を推進するパターンにおいて，機能性役務を「調整弁」として取り入れて，企業の成長ステージに応じた会社形態を設計することができます。機能性役務を会社形態設計の調整弁として，成長に応じた組織形態のストーリーを描けます。戦略的機能による役務性収益は，プロフィットセンターとコストセンターの中間的組織を設計するための調整因子です。

▶ 中間型組織と戦略的役務取引の対応性

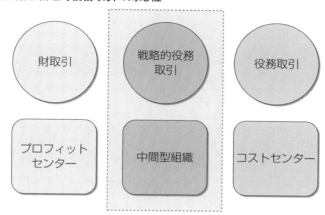

1-7. 戦略機能による役務性収益の取り扱い

　付加価値源泉となる取引が戦略機能を源泉とする機能性収益である場合、それが付加価値利益と認められるか否かによって、売上計上先が異なります。原価構造を決定する4つの制約条件が付加価値売上と非付加価値売上の原価設定条件が異なるため、収益／費用構造から、営業利益、FCF、企業価値まで影響が及びます。

　この点が付加価値概念の理解の困難さを引き起こす理由であり、原価構造の設計において、「そもそも戦略機能による付加価値収益とは何か？」に、議論が戻ってしまう原因です。移転価格税制やアームスレングスルールに準拠しながらも、より高い利益マージンを取引に付与させるための抗弁方法として用いられているのが付加価値という概念です。

72　第1部　社内交渉プログラム

▶ **戦略機能による役務収益の認識と，原価構造への影響の関係**

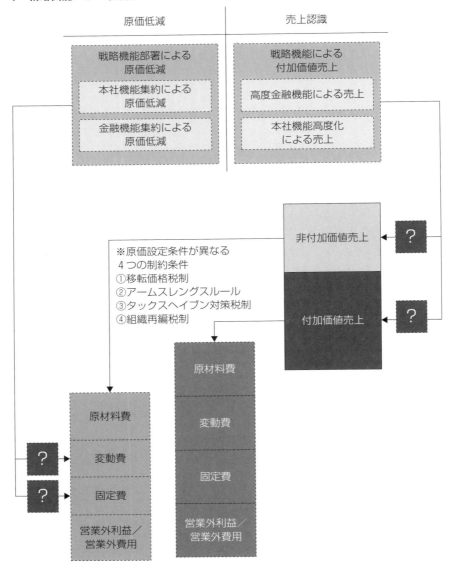

1-8. 戦略機能を源泉とする役務性収益の税務否認リスク

　地域拠点において戦略機能による付加価値利益を原価構造に入れる場合，利益移転元国と利益移転先国との間で税務否認リスクが発生します。

① 付加価値取引だけの場合：付加価値性のある財取引は，APA/ATRにて税務リスクを担保可能

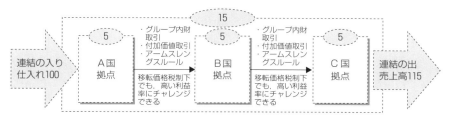

② 非付加価値取引だけの場合：単純役務取引は，APA/ATRにて税務リスクを担保可能

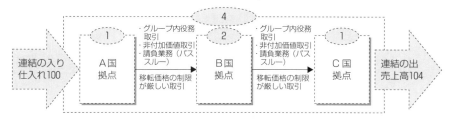

③ 戦略機能を源泉とする役務性収益が発生する場合：収益移転元国と移転先国において税務否認リスク発生

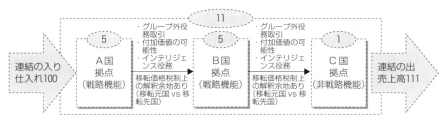

　どの地域拠点によって価値創造が行われ，移転価格税制にも準拠しながらも，

付加価値創出見合いのマージンを加味した移転価格であることを抗弁することが重要です。価値創出，価値移転の定量的評価の論拠となる競争優位原理フレームワークが有効に作用します。

1-9．役務性収益を収益認識するにあたっての国際税務リスク

役務性収益を付加価値収益源泉として抗弁するにあたっての国際税務リスクは，さまざまあります。近年では，利益移転元国，利益移転先国の税務当局と，必要に応じたレベルにおいてATR/APAを取得することが一般的になってきました。ただし，BEPSのような2016年現在において国際的に議論されている課題については，どのように役務性収益の付加価値性を論拠立てて抗弁しても，「行き過ぎた節税対策」として認識されてしまう可能性があることは注意が必要です。

税務リスク	背　景	APA/ATRコンセンサス形成の必要性 利益移転元国：A 利益移転先国：B
①二重課税リスク	課税所得発生の源泉国が不明確	国内収益，国外収益の利益配分⇒A，B 付加価値創出国と利益配分割合⇒A，B
②移転価格否認リスク	収益源泉が「グループ間取引の機能性役務」もしくは「収益移転元国における事業収益」と認識される可能性あり	移転価格税制への抵触（アームスレングスルール）の可能性と，抵触した場合の利益配分⇒A，B
③源泉税，法人税，所得税の適用税率に関する賦課納税リスク	法人税，所得税の確定申告に関する税務当局による否認可能性	源泉税徴収非適用についてのコンセンサス⇒B 賦課税額決定書で決定される法人税率，取得税についてのコンセンサス⇒B
④PE課税リスク	非居住者による経済実体性を有さない段階として，Permanent Establishment（恒久的施設）認定を受けない	業務の経済実体性がPE課税対象になるかについてのコンセンサス⇒B
⑤行き過ぎた節税行為として否認されるリスク （BEPSリスク）	2012年スターバックス，グーグル，アマゾン，アップルなどの有名企業が「行き過ぎた」租税回避行為として国際問題化。合法的な収益源泉の移転でもリスクを伴う。	収益源泉国当局との利益配分⇒A，B

1-10. 実務の流れ

　主たる取引は，積み上げ方式にて積算され，再編後の地域拠点の目標原価構造になります。取引グループの取引高によって加重平均して積算します。主たる取引以外の取引グループは，キャッシュフロー型商品群の原価構造です。PDCAステップ2において，主たる取引の抽出と同時に，主たる取引以外の取引のグルーピングを行うのがコツです。

▶ **主たる取引の原価＆収益構造**

主たる取引（付加価値ベース）	数値	％
付加価値売上高		
製造原価（付加価値ベース）		
粗利率（付加価値ベース）		
変動費（付加価値ベース）		
限界利益率（付加価値ベース）		
固定費（付加価値ベース）		
営業利益率（付加価値ベース）		

▶ **「主たる取引以外の取引」の原価＆収益構造**

主たる取引以外の取引（非付加価値ベース）	数値	％
非付加価値売上高		
製造原価（非付加価値ベース）		
粗利率（非付加価値ベース）		
変動費（非付加価値ベース）		
限界利益率（非付加価値ベース）		
固定費（非付加価値ベース）		
営業利益率（非付加価値ベース）		

　合算して，主たる取引をベースとした原価構造を策定します。これは地域拠点の目標原価構造になります。

主たる取引をベースとした原価＆収益構造（＝地域拠点の目標原価構造）	数値	％
総売上高		
製造原価（総売上高ベース）		
粗利率（総売上高ベース）		
変動費（総売上高ベース）		
限界利益率（総売上高ベース）		
固定費（総売上高ベース）		
営業利益率（総売上高ベース）		

2．PDCAステップ4：経営評価指標KPIとターゲット設定

　ステップ3までにて，付加価値創出のポイントと主たる取引の設計手順を示しました。原価構造と収益構造の設計は，会社としての経営評価指標（KPI）と密接に関係しています。本社が地域拠点の存在意義に則ったKPIを共有化し掲げることによって，グローバル組織KPIとなり得ます。

　KPIは，本社によるトップダウンもしくは，事業体や地域拠点からのボトムアップによって決定するのではなく，組織設計5階層モデルとPDCAサイクル10ステップによってグローバル組織設計を繰り返すことによって策定されます。KPI選定とターゲット数値設定が目標です。

2－1．原価構造と経営評価指標KPIターゲット策定のコツ

　原価構造は，各地域拠点のKPIターゲットを決定する重要な因子です。主たる取引による地域拠点別運営方針と，原価低減活動などの運営方針にKPIターゲットを盛り込むのがコツです。KPIの策定において最も困難な点は，マージン指標の母数を付加価値売上もしくは総売上高にするかの決定です。

2-2. 付加価値／非付加価値地域拠点での運営方針に係るゲーム的状況

　本社が連結ベースでのKPIを示すケースがあります。もし「連結営業利益率＞5％」と本社が連結収益性KPIを定義すれば，どの地域拠点も営業利益率5％以上を目指します。ここに，本社，地域拠点，事業間にゲーム的状況が発生します。

　付加価値利益をマージンとして計上できる地域拠点であれば，経常的な取引サイクルの中で，営業利益率5％以上を維持すれば経営評価指標KPIは達成できる計算です。しかし，非付加価値利益しかない地域拠点であれば，そのようなマージンを乗せることは移転価格税制やアームスレングスルールによって制限されてしまいますので不利です。そのような地域拠点特徴の考慮なく，経営評価指標KPI5％以上達成を必達目標として示されたら，営業利益率1％の取引を，売上期間を5分の1に短縮して回転率を高めたとしても，年間営業利益率5％を達成することは不可能です。

　このように，付加価値源泉である地域拠点と，それ以外の地域拠点ではビジネスモデルが異なります。したがって，本社が策定する経営評価指標KPIは，地域特性を考慮したKPIであり，地域拠点が考えるのは「それを達成するための地域拠点方針」になります。地域特性を考慮したKPIを本社が策定することが，ゲーム的状況の回避につながります。

2-3. 地域拠点の特徴付け：キャッシュフロー重視とマージン重視の運営方針

　汎用化した事業はキャッシュフロー効率性を目指した経営になります。競合力のある事業はマージン重視の経営になります。

　コモディティー事業は，継続的な原価低減活動，販売価格の値引き圧力が拮抗する形で限界利益を下げていきます。それを補うために，販売数を増やそうとしますが，現実には困難です。固定費を削減せざるを得なくなります。苦労をして原価低減活動を行った挙句，商品の競争力を落とすことになり，利益の出ない自転車操業に陥ります。

キャッシュフロー経営とは，コモディティー事業を基幹事業とする場合，キャッシュフローの回転を速くすることによって，高い回収性を確保しようとする経営戦略です。売上債権の回収をできるだけ早くし，買掛債務の支払いをできるだけ遅くすることによって，運転資金を極小化することができます。売掛債権の回収ができない場合，デフォルト（＝債務不履行）になってしまいますので，売掛金や買掛金を買い取ってもらう第三者的金融機関の存在が不可欠になります。

キャッシュフロー経営に対してマージン経営は，新規性の高い事業では競争力の高い製品や付加価値の高いサービスなどの特徴を持ちます。したがって，長期間の開発と販売期間でも投資回収できるようなマージン設定を行うことができます。複数事業や製品を扱う地域拠点では，キャッシュフロー経営とマージン経営が混合します。多様な製品ミックスや上流から下流へのビジネスフローのなかで，キャッシュフロー型経営とマージン型経営を分類することが重要です。本社は，地域拠点が，キャッシュフロー型 or マージン型を選択できるように，うまく KPI を用いて誘導することによって，ゲーム的状況を回避させることができます。

▶ ターゲット KPI の誘導効果

ターゲット KPI	地域拠点に求められる運営方針 （徹底したチェック）	
※管理をいかに行うかの指標 製造，原価，購買，販売，開発，固定費の管理系 KPI ターゲット	販売計画の予実管理 技術開発の集中と選択 原価管理 購買管理 設備稼働率管理 外注管理	⇒マージン経営
※資金をいかに生み出すかの指標 債権，販売，商品，拡売費，IT，金融費用のサイト系 KPI ターゲット 買掛金支払サイトの延長 売掛金回収サイトの短縮 在庫回転数短縮 債権流動化，ファクタリング	販売計画の未達回避 在庫計画のぶれ	⇒キャッシュフロー経営

2-4. マージン型 KPI とスポット型 KPI による誘導

　各地域拠点はマージン経営型もしくはキャッシュフロー型の収益構造の設計によって戦略が異なります。

　たとえば，本社が定める収益目標指標 KPI が，「営業利益率5％」であるとします。各地域拠点の首長の立場に立てば，もし自拠点に営業利益率5％以下の商品があれば，営業利益率5％以下の商品の利益分を異なる商品で補う必要があります。営業利益が低い商品は非付加値商品，営業利益が高い商品は付加価値商品です。その結果，どの地域拠点も，付加価値商品の受注に傾注し，営業利益率が KPI 以下の商品は受注を避けようとするゲーム的状況が発生します。

　これでは，将来の付加価値利益を創出するための投資が分散してしまう結果を招きます。本社は，KPI を設定するにおいて，「マージン値（収益率）」で与えるプロコンを理解する必要があります。全体収益の極大化と地域拠点収益の極大化とは異なります。

　それに対して，資金創出や FCF 創出などの「スポット値（ある時点の絶対量）」で KPI を与えると，低い営業利益率しかない拠点でも，経営努力で絶対量を積み上げることができるので，各地域拠点の戦略努力を期待することができます。このように，本社は KPI を定めることで地域拠点がそれを達成するためにどのような状況に置かれるかを考え，マージン型 KPI or スポット型 KPI によって地域拠点の運営行動を誘導しなければなりません。

▶ スポット値，マージン値による KPI 指標

分　類	代表的な定量評価指標
1．P/L スポット値	売上高，営業利益，純利益
2．P/L マージン値	限界利益率，製造原価率，販管費率，営業利益率
3．BS スポット値（運用サイド）	ネット資金，運転資金，CAPEX
4．BS マージン値（調達サイド）	ROE，ROIC，ROA

2-5. 地域拠点統合によるシナジー創出KPI

ターゲットKPIは本社,地域拠点,事業間のゲーム的状況を解決しながら決定します。地域拠点のKPI決定においては,「シナジー創出現場でのゲーム的状況」が発生します。

地域拠点統合におけるシナジー創出の源泉は,①原価低減によるコストカット,②売上高の増加,です。シナジー創出の現場でのゲーム的状況の発生要因は何でしょうか? 下記のような現場の一つひとつの取り組みの相互関係を把握しながら,ゲーム的状況を回避します。

シナジー創出KPIの考え方

ステップ1.現場での取り組みを列挙します。

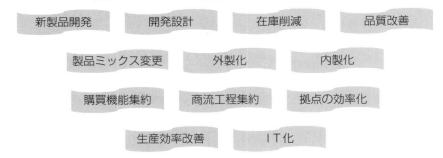

ステップ2.付加価値取引を拡販する取り組みと効率化する取り組みにて分類します。

付加価値取引を拡販する取り組み	付加価値取引を効率化する取り組み
新製品開発シナジー	内製化シナジー
開発設計シナジー	購買機能集約シナジー
拠点の集中化	商流工程集約シナジー
製品ミックス変更シナジー	在庫削減シナジー
品質改善シナジー	IT化シナジー
アウトソーシング	生産効率改善シナジー

ステップ3．シナジーマトリックスで集中と選択を行います。

▶ **シナジーマトリックス「集中と選択」**

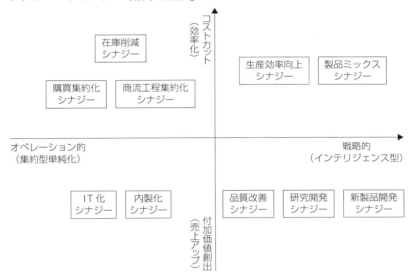

　付加価値取引は，通常の営業利益率より大きなマージンを設定できる可能性を持った取引です。売上価格のアップ，それを担保するための開発設計，製品ミックスの変更などの「拡販する取り組み」と，原材料率の引き下げ，販管費の引き下げなどの「効率化する取り組み」により，限界利益率の向上を目指します。

　これによって，付加価値取引を拡販する取り組みに係る労務費と，非付加価値取引に関する人件費のうちの固定費に充足することができることを現場にきちんと説明します。製品ミックスの変更により，できるだけ付加価値商品の集約化を行ったほうが，新規設備投資や固定労務費＆固定人件費を増やすプラスの循環を発生させる狙いを現場の実務担当者にきちんと説明します。現場の実務担当者になぜその取り組みを行うのかを説明し，狙いを共有すれば，ゲーム的状況を回避できます。

2-6. 地域拠点の企画原価戦略

　付加価値地域拠点，非付加価値地域拠点にかかわらず，原価構造を改善するための努力として原価低減活動が経常的に行われます。原価率の優位性を地域拠点が持てば，設備投資に対する回収性が高いことを論拠付けることができ，さらに有利な投資資金，投資資産，そこから発生する営業CFによって，原価構造を保ちながら収益構造を高めることができます。原価構造をより改善するために，購買原価低減，内製化，などあらゆる費目に対して経常的に原価低減活動が可能になります。

2-6-1. 企画原価と実際原価のゲーム的状況

　モノづくり企業は，製品化にあたり試行錯誤しながら企画原価を決定していきます。おおよそ原価構造の90％は要素別積み上げ方式にて決定されます。10％は製造工程の原価要素なので，量産化により原価低減できます。企画原価は，実際原価と差異分析を行うことで，計画策定時の予測の精度や，何が誤差を生み出したのかの検証を行います。ここに，企画原価と実際原価のゲーム的状況が発生します。

▶ 原価計算の策定ステップ
モノづくり企業の企画原価と実際原価のステップ

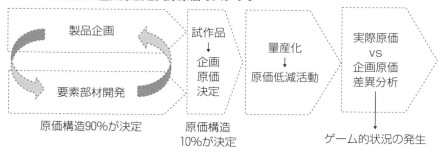

2-6-2. 残り10％の原価低減活動

　積み上げ方式で企画された90％以外の費用に対する原価低減のアプローチは，M&A交渉ゲームの主要なテーマです。

▶ 原価低減における M&A 交渉ゲームテーマ

① 部品や部材の集中購買
② 生産設備の内製化
③ 生産ライン直接加工費の間接化
④ 生産設備の効率化
⑤ 間接機能の分離とシェアードサービス化

2-6-3. 売上増加のための地域拠点別受注方針：企画原価の策定方針

　実際原価は管理会計上に用いられる有価証券報告書の論拠となる実際のデータです。企画原価は，地域拠点間におけるビッドコンペティションにおいて将来計画として策定されます。グループ内ビッドコンペは，交渉当事者の思惑が絡んだ交渉ゲームとなります。何としても受注したいと考える地域拠点は企画原価を，恣意的なプライスにて提示します。

　もし企画原価と実際原価の内訳に乖離があったらこのような行為はできません。しかし，経理部門では，企画担当と管理会計担当が異なるため，相互によるチェック体制がないことを，地域拠点が認識しているため発生する行為です。

　付加価値売上が KPI である場合，製造原価率や営業利益率などの収益率評価も，付加価値売上ベースになります。本社が KPI の母数を付加価値売上にするのか，総売上高にするのかを明確にすると，各地域拠点が自助努力で地域方針を立てることができます。

2-7. 生産地域拠点と生産ライン工順の最適化

　グローバルな生産地域拠点と生産ライン工順の設計において，どこの地域拠点にて，どの製品を製造するかの決定は現場とのゲーム的状況を発生させます。電子部品の調達，金型成型とプレス加工などの工程の順序，どの地域拠点でラインを組み立てるのかなどの決定に際し，生産現場でのゲーム的状況を回避する必要があります。

　生産地域拠点策定の因子として，市場のポテンシャル，人件費，外資優遇政策，工程，品質保証，人材の確保，生産，購買網，販売網の現地化，調達先，

販売先の顧客ニーズなど，直接現場従業員に関係する経営情報を共有します。さらに，顧客までの物流SCM，販売営業のグローバル体制などのコーポレートとしての狙いを共有します。こうして，ゲーム的状況を回避します。

2-8. 実務の流れ

地域拠点の特性を考慮した地域拠点別KPIを設定します。KPIの母数として，付加価値売上もしくは総売上高を選択し，KPI定義式を明確化します。

例：地域拠点AのKPI＝営業利益率＝営業利益／付加価値売上

KPIを時系列ターゲット値もしくは3年後達成値として示すのがコツです。

シナジー創出KPIは，収益構造を改善するためのアクションプランです。

地域拠点	地域特性	KPI設定	KPI定義式	シナジー創出KPI	統合計画目標数値設定		
					1年後	2年後	3年後
A							
B							
C							
D							

3．第2階層におけるゲーム的状況と回避策

第2階層におけるゲーム的状況	回避策
付加価値創出拠点と非付加価値創出拠点のKPI策定	マージン経営拠点とキャッシュフロー経営拠点の特徴付け提示
事業体の収益目標KPI設定に関する本社との認識齟齬	KPI定義式の母数を，売上高もしくは付加価値売上にて明確化
機能集約化とその付加価値利益の配賦方法	戦略的役務収益と組織実体を明確化
原価構造と収益構造の認識齟齬	取引の積み上げ方式による原価構造設計アプローチと，シナジー創出や生産ライン最適化などのアクションによる収益構造設計アプローチを明確化

交渉人養成ポイント5

- ✓ 原価構造と収益構造は，地域拠点の経営評価指標KPI達成のための2つのアプローチ手法を提示する。原価構造は，取引積み上げによるミクロ視点のアプローチ，収益構造はシナジー発現や生産ライン改革などコーポレートアクションのマクロ視点のアプローチである。
- ✓ 本社によるKPI設定は，本社と地域拠点，事業間にゲーム的状況を発生させることを理解する。本社は，マージン重視型，キャッシュフロー重視型の視点で地域拠点の特徴を考慮した上で，地域ごとのKPIを定める。
- ✓ 地域拠点別のターゲット原価構造を策定するためには，経営評価指標の母数を付加価値売上もしくは総売上高とするかに留意する。拠点統合後の製品ミックスの売上・変動費・限界利益・固定費・営業利益ターゲットはKPI定義式と連動する。
- ✓ 経営評価指標KPIの達成に向けて，原価低減活動と売上アップを目標とし，限界利益率，営業利益率向上を狙う戦略を打ち出す。地域拠点統合時における原価低減活動（内製化する取引，外注する取引，調達購買戦略）と，経常的な原価低減活動（購買原低，加工費原低，テクニカル原低）の方針を打ち出す。アウトプット変数として，売上取引，売上原価，変動費，限界利益，固定費，営業利益を計画する。
- ✓ 原価構造に対する付加価値の影響を理解する。BEPSの本質には，戦略的役務取引から創出された付加価値の地域移転があることに留意する。

── COLUMN ──
東芝不適切会計処理　2つのゲーム的状況

　2015年4月からの一連の新聞報道によると，東芝が請け負ったインフラ工事の一部で不適切な会計処理があったことが問題となっています。2つのゲーム的状況があります。

> ①　「バイセル取引」というグループ間取引によって売上高を水増ししたこと
>   ⇒「付加価値取引 vs 非付加価値取引」におけるゲーム的状況
> ②　受注損を認識しながらも，引当金処理を行わなかったこと
>   ⇒「企画原価 vs 実際原価」におけるゲーム的状況

　①については，「バイセル取引」や指定購買部品取引など，本社主導で地域拠点が購入を行う取引は，OEM業者へのパススルー型であり，地域拠点では利益幅の交渉余地がないため，非付加価値取引の典型例です。しかし，このような取引を関連会社と増やすことにより，付加価値取引としての売上高を増やすことができます。付加価値売上と非付加価値売上の概念が浸透していない企業カルチャーにおいて用いられる典型的なゲーム交渉解です。

　②については，インフラ関連の会計処理では，工事の進捗状況に合わせて工事進行基準で処理する制度があります。しかし，過年の会計処理において，工事進行基準で工事にかかる費用を少なく見積もったことで収益が実際より多く計上された可能性が判明した経緯です。

　この背景には，「企画原価 vs 実際原価」のゲーム的状況があります。地域拠点による競争入札において企画原価を策定し，受注後の採算性を検討したうえで，入札価格を決めます。これが企画原価です。実際に取引されたものを集計することを実際原価と呼びます。

　企画原価をプロジェクション（未来予測）と呼びます。企画原価設計は，リスクも織り込み実現可能性を吟味して作成されます。しかし，費目に何を計上するかによって，自由に原価構造を設計できるため，費目構造をどのように「予測」するかは，さまざまな恣意性が作用する余地があります。もし「受注必達」ならば企画原価を下げ，「受注回避」なら企画原価を上げて故意に落札しないことができます。

　たとえば，地域拠点に工場や製造設備などのリース債務があった場合，リース資産の所有権を本社が一元管理しているなら，その資産計上地が拠点か本社は，単体会計，連結会計の視点で異なります。地域拠点が単体企画原価にそのリース

債務と減価償却費を計上するかしないかは，会計上はグレーゾーンです。地域拠点でリース債務を企画原価に計上しようともしなくとも，合理的に説明できるのです。

　では，実際原価と企画原価の整合性の検証はなされたのでしょうか？　同じ経理部門でも，財務会計と管理会計は別々であることが多く，担当者が異なります。ここにセクショナリズムが発生して，コミュニケーションが希薄になります。本社の企画原価集約担当者が，地域拠点から提出された企画原価の整合性に対して「異議を唱える」ことがいかに難しいことか想像できます。このような状況が，ゲーム的状況を発生させます。もし自分が本社にて「受注必達の命」を受けたなら？　もし地域拠点長の立場であったら？　もし「連結管理会計責任者」という立場なら？　一体どのような「企画原価」を策定するでしょうか。果たして，真実の企画原価は存在するのでしょうか。

　企画原価はこのような交渉ゲームを経て，一物多価から一物一価に決定されます。地域レベルでは会計監査で指摘されることは稀ですが，本社レベルの連結企画原価は，会計監査に耐えうる論拠性が求められます。

　社内交渉ゲームの意義は，相手を交渉で打ち負かすことではなく，組織が法的瑕疵に耐えうる論拠や証左を文書化し，整合性を取りながらの共有知を積みあげることにあります。

第2階層　組織設計シート

組織設計 PDCA10ステップノート

PDCA ステップ3：原価構造と収益構造の分析

> コツ！
> - 主たる取引は、積み上げ方式にて積算され、再編後の地域拠点の目標原価構造になります。取引グループの取引高によって加重平均して積算するのがコツです。
> - 「主たる取引」以外の取引グループは、地域拠点の再編において他の地域拠点の原価構造や、キャッシュフロー型商品群の原価構造です。ステップ2において、「主たる取引」の抽出と同時に、「主たる取引以外の取引」のグルーピングを前もって用意しましょう。

主たる取引（付加価値ベース）	数値	％
付加価値売上高		
製造原価（付加価値ベース）		
粗利率（付加価値ベース）		
変動費（付加価値ベース）		
限界利益率（付加価値ベース）		
固定費（付加価値ベース）		
営業利益率（付加価値ベース）		

主たる取引以外の取引（非付加価値ベース）	数値	％
非付加価値売上高		
製造原価（非付加価値ベース）		
粗利率（非付加価値ベース）		
変動費（非付加価値ベース）		
限界利益率（非付加価値ベース）		
固定費（非付加価値ベース）		
営業利益率（非付加価値ベース）		

加重平均合算

主たる取引をベースとした原価構造（＝地域拠点の目標原価構造）	数値	％
総売上高		
製造原価（総売上高ベース）		
粗利率（総売上高ベース）		
変動費（総売上高ベース）		
限界利益率（総売上高ベース）		
固定費（総売上高ベース）		
営業利益率（総売上高ベース）		

PDCA ステップ4：経営評価指標 KPI とターゲット設定

> コツ！
> - 地域拠点の特性を考慮した「地域拠点別 KPI」の設定を行います。
> - KPI の母数として、「付加価値売上」もしくは「総売上高」なのか、かつ、KPI 定義式を明確化します。
>   例：地域拠点 A の KPI ＝営業利益率（付加価値ベース）
> - KPI を「時系列ターゲット値」もしくは「3年後達成値」として示すのがコツです。
> - シナジー創出 KPI は、収益構造を改善するためのアクションプランです。

地域拠点	地域特性	KPI 設定	KPI 定義式	シナジー創出 KPI	統合計画目標数値設定		
					1年後	2年後	3年後
A							
B							
C							
D							

第3章

第3階層 組織実体と支配力実体化

　第3階層は，組織構造と支配力実体化を設計します。実体化とは法的実体を付与することです。付加価値地域拠点と本社，付加価値地域拠点同士の主たる取引に基づいた全体商流の設計と，各地域拠点の役割を明確化し，全体組織の設計を行います。意思決定のための計画策定体制と支配体制の同期性の確立を目標とします。

▶ 地域拠点，事業セグメント，間接機能の分離，支配力（出資体系）の設計

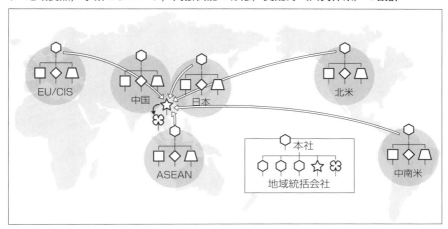

1．PDCA ステップ5：組織実体と組織形態の策定

　主たる取引が設計できたので，地域拠点に実体を与えます。地域拠点は独立した財務諸表作成や管理会計が行われている場合が多いため，法的実体化は容

易といえます。全体構図としての組織設計と，地域拠点の実体化を，地域，事業，機能，出資の視点にて論理付けることが目標です。

1-1. 組織の実体化とは？

　PDCAステップ4までで，地域拠点の経営意義と主たる取引ルートが作成できました。地域拠点に法的実体（リーガルエンティティ，Legal Entity）を与えることにより，法的責任が明確化され，その地域が属する法体系下に入ります。

1-2. 組織形態の選択肢

　地域拠点と事業体にどのような実体を与えるかが組織形態を決定付けます。地域拠点は，法人化されることにより，各国の法体系下に入ります。事業体の実体に応じて，持株会社制，社内カンパニー制，事業部制に分類できます。

持株会社のメリットとデメリット

　純粋持株会社は，買収後の企業を一時的に純粋持株会社の傘下に置いて，時間をかけて組織統合を行うことを可能にしました。

　持株会社のメリットは，組織統合への猶予期間と市場へのメッセージ効果です。持株会社の移行は，将来のM&A実行を示唆し，成長戦略への備えであることのメッセージになります。成長M&Aを視野に置いている成長期は，持株会社制のもと，独立性を維持しながらシナジー効果を発現させ，成熟期を迎えると持株会社をやめるという戦略がとれます。個別事業体も法人化されることによって自律的な経営環境が形成されます。会社法に基づいてそれぞれの会社が財務諸表を作成するので透明性が上がり，事業セグメント別の事業価値がわかります。

　持株会社のデメリットは，持株会社と事業会社に管理部門の人材が分散することで，独立性が強すぎたり，意思決定が遅れる可能性があります。持株会社の「本社の経営意思」vs「事業体の自律性」という包括的なゲーム的状況が発生します。地域拠点の拠点長，実務者，事業体でのゲーム的状況回避ではなく，本社の経営意思として，回避すべき交渉ゲームテーマです。

事業部制のメリットとデメリット

　事業部制は，事業体が法人格を持たずに地域拠点の内部組織として配置される形態です。メリットは，地域拠点長がすべての事業体を一元的にマネジメントできるので，間接部門や間接工などの経営資源の事業間での共有化が進み，経営状況も明確になります。デメリットは，事業体ごとのBS分割が難しいため，固定資産の配賦基準を持たないと各事業部がどれだけの資産を持ってどれだけの収益効率なのかがわかりません。ROIやROICといった投資回収性を把握する必要がありますが，資産や経費の所有者が曖昧になり，法定財務諸表も作成する必要がないため，BS視点の収益性分析がなされず，P/L視点の収益性評価に留まってしまいます。そのため，経営企画部門や社長室などの本社の統括機能が十分な強さを持たないと，事業部制を統括するのは困難です。このように事業部制においては，拠点長vs事業体，拠点長vs従業員の間でゲーム的状況が発生します。

　持株会社制度をやめて，事業部制に移行する会社もあります。その意義は，持株会社の傘下会社が統合され，十分なシナジー効果の発現が期待できるほどに成熟したことを意味します。これにより，間接業務を本社に一元化し，各事業部のシナジー効果発現に主眼を置くことを経営意思として発信できます。

社内カンパニー制のメリットとデメリット

　複数事業を行う会社の場合，事業部に自立心を持たせながら，親会社としてのガバナンスを両立させるステージにある企業に用いられる組織形態です。個性が強い子会社の場合，親会社たる持株会社による統制が効かなくなる可能性があります。その場合は，社内カンパニー制に移行し，「疑似法人」として責任を明確化させることができます。

　メリットとしては，社内カンパニーは規模の大きな事業体が地域拠点で自律的に経営を行いながらも，地域拠点の管理下に置かれているため，地域拠点と事業体の経営意思バランスがとれることです。比較的規模の大きな事業体を持つグローバル企業は，事業部制よりも，社内カンパニー制がスケールメリットの観点から合理的です。社内カンパニー制の決定には，本社vs事業，事業vs事業にて，ゲーム的状況が発生します。

1-3. 組織形態の設計要素

第3階層において，設計は下記手順を踏むことによりゲーム的状況を回避かつ排除します。
- ■会社形態の融合性評価
- ■経営目標に応じた会社形態の最適化構造設計
- ■出資体系と経営力行使の設計

会社形態の融合性評価

　会社形態に応じて，意思決定権者の在りどころが決定されます。独立した法人格を持つ企業は，主要株主が意思決定権者です。その株主からの経営決定権の独立性の度合いが融合性評価に影響します。子会社の場合，親会社からの出資の割合によって，親株主からの独立性の度合いが融合性評価に影響します。

　第3階層の融合性が低い事例として，買収企業がインターカンパニー制，被買収企業が事業部制の組織統合があります。法人格を持たない被買収企業の事業部体制は，マネジメントの管理単位が不明確であることが予見できます。複数の事業部で兼用している固定資産（工場，設備，開発施設，生産工具など）は管理会計上，資産を配賦する必要がありますが，その配賦基準が明確に設定されていないリスクがあります。BS分割を行うためには，本社が資産とその使用状況を経常管理している必要がありますが，子会社管理が子会社に一任されている現実はリスクです。事業部制におけるそれぞれの事業部がプロフィットセンターとして認識を持ち，独自に管理会計を行い，BS分割が本社主導で行われて，各事業部が管理会計を行うのが理想です。しかし，事業部制は，本社組織の一部に相当するものとみなされ，独自の管理会計が行われず，本社も主体的に管理ができていないゲーム的状況が容易に発生します。

　第3階層の融合性がない他の事例は，一方は持株会社で，一方は事業部制の場合，異なる2つの組織の統合には根本的な組織改革が必要になります。組織統合にあえて時間を割くか，持株会社の下に一定期間併存させたのち，時間をかけて統合させるか，選択肢があります。買収企業が法人格を基礎コンセプトに置くのに対して，被買収企業が事業部制や支店体制を基本コンセプトに置く

場合，お互いに会社形態が同じでない組織同士の不整合が発生します。

　組織統合のためには，どちらかの組織体系に合わせる必要があり，ゲーム的状況が発生します。買収会社と被買収会社の一方が子会社制，一方が事業部制の場合には，買収会社サイドは，被買収会社の会社形態を受け入れるため事業部を直接統括できる事業統括組織体制への構造改革が必要になります。

▶ **異なる2つの組織形態の融合性評価**

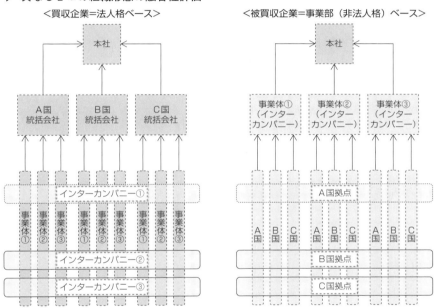

　法人格を持たない事業部の管理単位と，法人格への出資体系の不整合がもたらすゲーム的状況が発生する理由は，
　① 事業部単位での財務諸表がないため，収益性の評価ができない
　② 配賦基準が定まらず，事業別の分割BSが策定できない
　③ 事業部から本社へ資金を回収させる仕組みがない

　特に事業部が複数国に存在する場合，法人税や所得税の源泉発生地について，日本課税当局と課税地当局に対して取り決めができていないため二重課税というゲーム的状況が発生します。課税当局には，能動的にアプローチし，二重課

税リスクを担保し，ゲーム的状況を回避します。

以上のような融合性に関する課題に対応してゲーム的状況を回避します。

経営目標に応じた会社形態の最適化構造設計

実体化された組織は，生産，物流，販売，開発の価値連鎖（バリューチェーン）を機能させなくてはなりません。実体化された組織が価値連鎖のどのポジションにあるかによって，ゲーム的状況が発生します。

価値連鎖におけるゲーム的状況回避戦略

① 高収益部品の内製化へシフト
② 汎用部品のボリュームゾーン攻略
③ 販路拡大と付加価値サービス

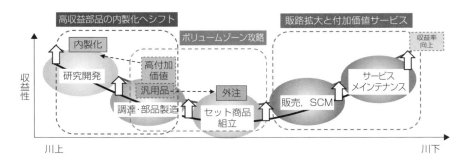

高付加価値の源泉となりうる「製造企画・開発」を持つ地域拠点は内製化にシフトし，価値創出と価値移転を行える組織実体を持つことがゲーム的状況回避策です。

それに対して，「調達・製造」や「セット商品組立」などは付加価値源泉となるのが難しいので，機能の外出しや，OEM供給にシフトするなどの収益性向上策が考えられます。このような地域拠点においては，パススルー型オペレーションが主になるので，地域拠点の組織実体は問われません。むしろ機能の外出しを行うことがゲーム的状況回避策です。さらなる回避策として全社のシェアードサービス地域拠点を構築し，その戦略機能による役務収益を付加価

値源泉とする場合，この機能地域拠点には組織実体が必要になります。

　実体化メリットを挙げると，法人格として識別番号を取得しやすくなります。また，実体化された工場生産物の国際規格コードの割り当てが可能になり，工場生産管理だけでなく出荷後の製造品の追跡ができる体制になります。また，売上計上基準として，工場出荷基準もしくは販売基準が選択できます。工場出荷基準は，工場単体の利益計上を早めますが，グループ内販社経由での販売の場合，未実現利益リスクを抱えながら連結消去がなされます。

　実体のない組織においては責任所在が社内規則に依存するため，製品部番管理方法，売上高計上基準，固定資産の配賦基準（外形標準設定基準）などの具体的な規則化がなされていなくても，直接に法的義務は問われません。企業が品質や生産管理などの見えない価値にどれだけ精度を要求するかは，モノづくりに対する企業理念によります。採算性を重視するために，工数のかかるところはアウトソーシングを推進し，モノづくりに対する理念が喪失するケースもあります。そのためにも，組織の実体化による法的責任が必要になります。

出資体系と経営権行使の設計

　親会社は子会社に対して出資し，出資比率に応じた支配力を獲得します。この支配力を行使する役割を担うのが取締役です。この取締役が子会社における意思決定プロセスで親会社の意向を反映させ，現場の事業を推進します。しかし，実際の現場では，取締役が取り締まらないことがあります。

　配当は支配力を行使するための道具です。出資者が配当権を行使することにより，子会社の余剰資金を回収することができます。出資によって支配力を獲得し，取締役を送り込み経営権を行使する理由は，「現金管理に対する影響力」を及ぼすことです。お金の流れに対して支配力を及ぼすことによって，子会社に対して経営意思を反映させることができます。出資による支配力の実効力を担保するためにも，出資体系の設計が重要です。しかし，実際の現場では，出資比率に見合った支配力を出資元派遣の取締役が行使しないケースがあります。ここにゲーム的状況が発生します。

出資体系と経営権行使の実効力

各地域では，各事業の母体となる運営組織は法人化され法的実体を持ちます。その株式を取得し経営権を行使するのが地域統括会社です。また，本社は各地域統括会社に対して出資，経営権を行使します。このようにして，本社による各地域の現地法人への経営権行使が行われます。そのため，本社からダウンストリームでの「出資の流れと経営権の行使」，アップストリームでは「経営権取得と資金の流れ」がトレードオフの関係を形成します。

もし，現地法人が本社の経営方針に従わないときは，派遣取締役による拒否権発動や，配当や運転資金などの資金に影響を及ぼすことで対抗できます。本社による実質的な経営権行使は，会計上は支配力もしくは影響力と呼びます。それは出資比率と取締役派遣人数によって決まります。ここに，ゲーム的状況が発生します。

▶ 支配力行使と出資体系

ステップ1：出資体系と経営権行使の設計

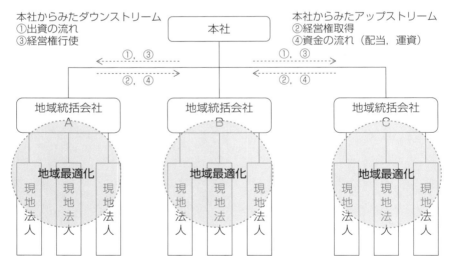

出資体系と利益移転が同期していない場合のゲーム的状況

子会社から親会社へ配当金と利益移転が同期していない事案は，配当権を行

使するための議決権行使ができず，配当ができない状況を意味します。出資体系と配当に関する支配力の間に，ゲーム的状況が発生している状態です。配当以外に利益移転を行う資金には，法人税と配当源泉税の二重課税の課題が付帯しています。法人税は，課税所得に対して課せられ，純利益が出来上がります。純利益は，法人税を払った後のもので，配当は純利益から支払われます。この配当金に源泉税が課せられると，法人税と配当源泉税の二重課税を，株主は課せられることになります。このような税務的問題を解決するために，国家間の租税条約を締結します。しかし，租税条約では担保できないリスクがありますので，能動的に税務当局に働きかけ事前協議を行い二重課税が行われた時の還付ルールなどを策定し，ゲーム的状況を回避します。ATR/APAといった事前交渉と文書化によって，資金移転における二重課税リスクを避けることができます。

本社による出資構造と取引分類の関連付けの重要性：配当に係る二重取引のトラップ

各国で法人税を支払った後の純利益を源泉とする配当は，源泉税の二重課税が発生します。日本と多くの国は，租税条約があり，取りすぎた法人税に関して還付される仕組みがありますが，各企業は配当源泉が発生する各国の税務当

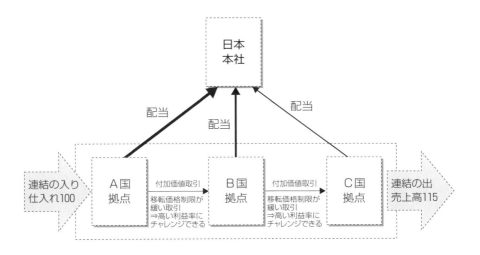

局とは、事前協議をしておく必要があります。そのため、日本本社は財務報告義務が常に発生します。連結上の利益がどれほどあるのか、利益はどの国の銀行口座にあるのか、留保している理由は何か、課税済みか、国外に再投資することはできるか、について課税当局から厳しいチェックを受けます。

そのため、納税地をどこにすればよいのか、ペーパーカンパニーなどで脱税行為にならないか、脱税ではなく節税の方法はなにかについてグローバル企業はよく考え、節税のノウハウを蓄積してきました。利益移転についてどのような考え方をすれば、その国で創造した付加価値として認識されるのかについて、その国における付加価値利益認識を論拠付けて主張します。この時、主たる取引に基づく付加価値創出論拠は、ゲーム的状況回避に有効です。

1-4. 事業と機能の分離

買収企業と被買収企業の経営統合の親和性は、企業の成長ステージに依存します。初期の成長ステージでは組織構造が単純ですが、成熟ステージに複雑化するからです。企業が成長すると、事業の種類が多様化し、生産地域拠点、開発地域拠点のグローバル化が求められます。その過程で、地域、事業、機能、出資の論理バランスが崩れ、外から見えるガバナンスと内から見た実際のガバナンスに大きなかい離が発生します。

L字型組織、T字型組織の症状

外から見える姿と内から見た姿の差異の症状は、L字型組織やT字型組織として現れます。事業にとって共有されるべき間接機能がある特定地域や事業に集中してしまいます。ここにゲーム的状況が発生します。

L字型組織、T字型組織が発生する理由
- 本社と地域拠点間は、垂直型の支配体系（出資と支配力行使）にあること
- 地域拠点下にある事業体の共通機能は、水平型の支配体系（間接部門の共有化）にあること
- 共有化された間接機能の支配力が、地域拠点の特定事業体に集中してしまうこと

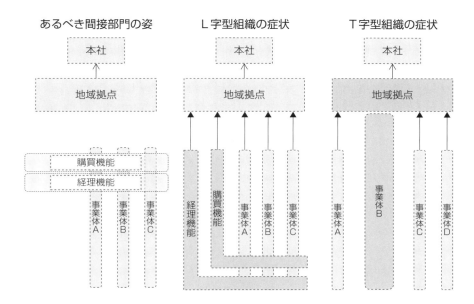

　ここで企業は，統括機能のゲーム的状況回避策としての有効性を認識します。事業部門が事業に集中するためにも，各事業体に共通する共通機能（横串機能）をひとつの部門に集約する際，間接機能の実体化が必要になります。実体化をする場合，法人格を持たせるかについて，ゲーム的状況が発生します。

　機能には，統括機能，金融機能，購買機能，開発機能，人事機能などがあります。日本の法人税法で定められた34業種では，間接部門である戦略的機能部署が，付加価値収益を稼ぐと，法人税法上どのような収益と認識され課税を受けるか，法的解釈が明確に及びません。

　近年，その機能集約部門をタックスヘイブンと呼ばれる優遇税制国に設置することが国際問題になるケースがあります。新しいグローバル機能統括実体の設立地に優遇税制地を選択するのは合理的な戦略ですが，BEPSとして問題提起されており，違法行為ではないものの，「行き過ぎた節税対策」として，国際問題となるリスクがあります。

機能の独立化がもたらすゲーム的状況

　機能に実体を持たせるメリットは，管理の効率化と共有化があります。デメ

リットは，共通機能が独立実体として認識され，本来の目的から外れて，機能が独立化してしまうことです。機能が独立するとどのような問題が発生するのでしょうか？　事業部や地域統括組織に対して「独立組織」になってしまい，もはや共通間接部門としてのオペレーション部門ではなくなります。

　機能が独立実体をもつと，収益認識の定義が必要になります。グループ内の間接部門ならば，アームスレングスルールによって制約されます。しかし，独立組織になるとアームスレングスルール以上の利益率にチャレンジすることが可能です。機能部門に対する収益性の追求が目的化されてしまい，事業部へのサポートや，事業部の事業計画に対する責任所在が分からなくなってしまうことが発生します。ここにゲーム的状況をもたらします。実体を持った機能部門の機能分離を行うにあたり，前もってルール作りが必要です。

機能の戦略的集約が必然たる理由

　独立した機能がもし法的実体を持たないと，地域拠点，事業体からの権限委譲や意思決定権などが付与できない状態に陥ります。また，もしコストセンターとしての法的実体を持つならば，わざわざ独立実体化する必要はありません。したがって，独立を果たした機能は，戦略的役務収益を付加価値源泉とする「中間的性格を持つプロフィットセンター」になることを選択することが必然であると考えられます。

1-5. 組織統合に必要となる法的知識のポイント

会社法における経営目的と手法

　会社法における組織再編の類型化は，経営目的と手法によって行われています。事業の統合，事業の分離，事業の共同化，企業グループ内での再編という「経営目的」を定めたうえで，合併，会社分割，株式交換，株式移転，事業譲渡という「手法」を定めています。各経営目的には，それぞれの手法が登場します。会社法は，経営目的に対する手法を明示していると言えます。また，金融商品取引法では，TOB取引規制，大量保有報告制度，臨時報告書における開示，インサイダー取引規制などのルールを提示します。したがって，会社法は手続きを提示，金融商品取引法はルールを提示していると言えます。

支配力と影響力

2つの組織を統合するあたり、支配力が移動する取引を税制非適格、支配力が移動しない取引を税制適格と呼びます。税制非適格ならば、取引対象物を簿価から時価に評価しなおす必要がありますが、税制適格ならば簿価のままです。共通支配下の取引、共同支配企業の形成は、支配力が移動せず、影響力の範囲内の取引です。

それに対して、持分の結合と取得は、支配力の移動が伴う可能性がある取引です。簿価承継を望む経営判断があるのなら、支配力の移動がない取引として会計的、税務的に認識を形成させる必要があります。その際、対価要件（株式以外の対価を支払わない）、議決権比率要件、支配要件の3要件をすべて満たすと「持分の結合」となり、簿価承継が行えます。ひとつでも満たさないと「取得」と認識され、時価評価が必要になります。経営判断として、簿価受け入れを有利と考えれば、持分結合判定を受けるために、3要件（対価、議決権比率、支配力）のすべてをクリアする必要があります。

日本会計基準において会社法の手法にかかわらず、組織再編は企業結合として解釈されます。取引形態は「共通支配下の取引」、「共同支配企業の形成」、「持分の結合」、「取得」の4つに分類され、取得以外の取引は簿価承継（持分プーリング法）となり、取得になると時価受け入れ（パーチェス法）になります。

合併における適格要件

会社法における合併と、税務における適格性とはどのような関係なのでしょうか？　現金対価によるキャッシュアウトマージャーは、税制非適格です。しかし、すべてのキャッシュアウトマージャーが税制非適格ではありません。会社法が示した合併とは、組織統合を意味しています。株式取得による持分法化、連結子会社化、完全子会社化は、株式買取のみであり合併までには、踏み込んでいないと解釈しているため、経営目的が合併でないならば、対価に現金が含まれることと、税制適格性とは無関係になります。

親子間のキャッシュアウトマージャーの注意点
組織再編税制による税制適格要件

現金など株式以外の対価を交付する株式交換は、税制非適格になります。これは親子会社間の株式交換でも同様です。親会社が子会社株式を、親会社株式＋現金で取引する場合、子会社は譲渡益を計上します。しかし、税制非適格と判定されますので、譲渡益課税の繰延べは認められません。また、子会社株主には、譲渡損益課税が課せられます。

みなし配当課税については、株式交換比率が適切である限り、税制適格、非適格にかかわらず、発生しません。現金を少しでも対価として支払う株式交換を行うと税制非適格となり、子会社は譲渡益にかかる税金を繰延税金資産として繰り延べることができないため、当期において税務処理が必要になります。

合併における子会社の資産、負債の引継ぎは、税制適格、非適格判定にかかわらず、その支配力も親会社が引き継ぐのであれば税制適格となり、譲渡損益の認識を繰り延べることができる可能性があります。ただし、有利子負債については、一般的に負債簿価イコール時価ですので、適格、非適格に関係なく、有利子負債の引継ぎで時価評価損などは発生いたしません。

株式交換の注意点
① 「株式交換における適格要件」について

「完全親会社株式以外の資産の交付がないこと」が適格要件として規定されました。したがって、現金交付があるなら税制非適格となり、子会社は株式譲渡益課税の繰延べは認められず、子会社株主も株式譲渡益課税を免れません。「みなし配当課税」は、適格、非適格にかかわらず、株式交換比率が適切である限り、課税されません。

② 合併における適格要件について

合併において、会社法は簿価移転を規定しておらず、「すべての資産等を引き継ぐ」とあるのみです。支配力の移動や税制適格性についての記述はありません。主要資産負債の引継ぎ要件は規定されておらず、基本的に子会社の資産は簿価移転になります。税制適格ならば時価評価が必要ありません。そのためにも、会社法だけでなく、会計規則、税法の解釈を理解したうえで、

最適なストラクチャリングを行う必要があります。

③ **子会社の負債，資産の引継ぎで，時価評価に伴う損益算入の可能性**

合併における資産負債の引継ぎにおいて，税制適格要件は「支配力が継続しているか否か」です。資産の移転に伴い支配力も移転されたのなら税制適格と判断され，親会社は支配力の移転も引き受けるので，譲渡損益の認識を繰り延べることができる（繰延税金資産とは，損益の認識を繰り延べること）という建付けです。ただし，株式以外の対価条項で非適格となって，支配力継続条項で適格となった場合はグレーゾーンです。

有利子負債は，子から親へ支配力ともにそのまま引き継がれるのなら，有利子負債簿価イコール時価と認識されるのが一般的ですので，税制適格，非適格にかかわらず，親子サイドで譲渡損益が認識されることはないと考えられます。

有利子負債以外の負債と資産に関しては，適格要件（株式以外の交付がいないこと）を満たさないならば非適格組織再編になり，移転資産のすべてに時価評価を行い，譲渡損益が認識されます。

2．PDCAステップ6：戦略機能とオペレーション機能の分離

間接機能たるオペレーション機能を分離し，グローバルで集約させることにより，シェアードサービス拠点を設計します。さらに，戦略的役務取引を行うためのインテリジェンスを付与させた戦略拠点を設計します。金融機能，購買機能，IT機能など戦略的役務による新たな付加価値源泉となりうる拠点の設計を目標とします。

2-1．地域内間接機能の分離

事業の母体となる現地法人の実体化に対して，地域内での間接機能を集約させます。各法人に必ず必要となる人事，総務，IT，購買などの横断的な機能に係る間接人員を共通化することによって，地域の最適化を図ります。

ステップ2：地域機能の分離

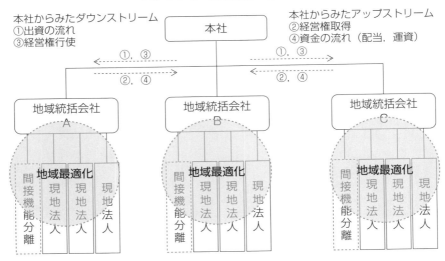

2-2．オペレーション機能のグローバル集約化

　各地域拠点で分離された間接機能は，それぞれの機能ごとにグローバル集約すると間接費の削減が見込めます。金融機能は各地域内だけでは最適化の限界

ステップ3：オペレーション機能のグローバル集約化

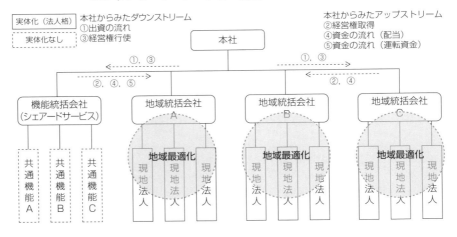

があります。グローバル規模で，多様な通貨やオペレーションの集約を図ることによって，規模のメリットを追求します。機能統括会社はシェアードサービスであり，オペレーションの代理業務を行うことが目的で，戦略的な付加価値創出は目標ではありません。

2-3. 戦略機能の集約化

シェアードサービス型の機能会社は，単純オペレーションの集約化であり，コストカットが目的です。単純オペレーションの戦略機能化は，コストカット以上のインテリジェンスを含んだ意義を持ちます。

金融機能における戦略性は，グループ内において為替取引を集約するだけでなく，反対売買相殺ができるように決済日を揃える為替マリーに見て取れます。また支払業務や回収業務について，多くの事業部が同じ顧客相手に売掛金と買掛金を持っている場合，これらを内部相殺してネット金額の取引にすれば，金融機関に対する支払手数料を低減させることができます。オペレーションの戦略機能化は，高度なインテリジェンスを用いて，新たな付加価値源を創出します。

シェアードサービスセンターがプロフィットセンター化することで，収益配賦をめぐったゲーム的状況が発生します。付加価値創出ポイントを明確化させ

ステップ4：戦略機能の集約化

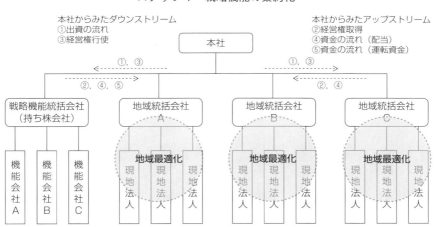

るために，戦略機能を法人化し，法的実体を与えます。財務内容開示義務を付与することにより，ゲーム的状況を回避します。

2 - 4．戦略的役務を中心に捉えた組織再編

シェアードサービス（オペレーション集約）と戦略的機能集約の分離を用いた組織再編には，多くの意義があります。①継続的な設備投資を必要としない新しい付加価値源泉となりえること，②プロフィットセンターとコストセンターの中間的な実体化ができること，③移転価格対策税制上，アームスレングスルール＋αの付加価値源泉となりえることです。

戦略的役務は，組織統合を設計するにあたって，応用性の高い設計要素です。プロフィットセンターでもない，コストセンターでもない中間的組織の実体化の論拠として，戦略的役務は極めて有効です。一対の概念として，成立しています。

主たる取引に対する「従たる取引」

PDCAステップ1の地域内最適化において，主たる取引を抽出しました。これらの取引は財取引による付加価値取引です。これに対して，「従たる取引」とは，本社と戦略機能会社間との戦略的役務取引による付加価値創出取引です。「主たる取引」と「従たる取引」の2つの付加価値取引により，移転価格ルールやアームスレングスルール以上の収益率取引にチャレンジする際の論拠構築の厚みをもたせることができるのです。

▶ グローバル機能集約の利点

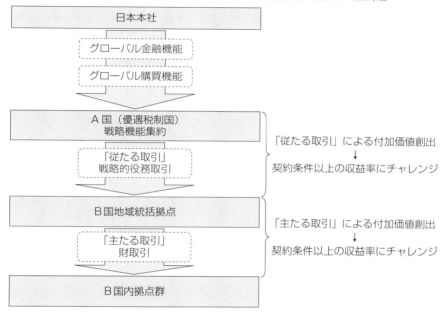

3．第3階層におけるゲーム的状況と回避策

第3階層におけるゲーム的状況	回避策
事業体の組織形態決定における「本社の経営意思」と「事業体の自律性」の齟齬	事業部制のメリット・デメリット，社内カンパニー制のメリット・デメリットの提示
法人格を持つ組織と法人格を持たない組織の組織統合	組織融合に不整合をもたらす問題を明確化 法人格を基礎コンセプトにするメリット・デメリットの提示
地域統括拠点と本社間の配当や取引価格設定による利益移転	インテリジェンスを持つ戦略的役務収益に対する移転価格論拠の策定
価値連鎖の融合で発生する齟齬	内製化へのシフト，ボリュームゾーンへのシフト，販路拡大へのシフトを行うための価値創出と価値移転を行う実体組織を明確化
出資体系による支配力と経営権行使の実行力の齟齬	資金の流れと経営権の行使が同期するグローバル設計と取締役の派遣

交渉人養成ポイント6

- ✓ 組織形態と組織実体の割り当てにおいて、本社と事業体の間に発生するゲーム的状況の発生原因を理解する。持ち株会社のメリット・デメリット、事業部制のメリット・デメリット、社内カンパニー制のメリット・デメリットは、本社の経営意思と事業体の自律性との間に生じるゲーム的状況を回避させるための有効な論拠として利用する。
- ✓ 支配力の実効性が担保される出資ストラクチャーの策定が重要であることを認識する。資金フローと出資体系が同期する組織形態を設計し、経営意思の実効性を担保する。
- ✓ 会計税務、法務上の企業結合の融合論拠を作り、組織統合しやすいストラクチャーを設計する。
- ✓ 戦略役務による付加価値源泉地の法人化により、単純オペレーションと戦略的機能の分離と集約化を目指すことは、BEPS時代の実務要請と理解する。
- ✓ 主たる財取引と従たる戦略的役務取引が付加価値創出する拠点は、出資体系と論理性が取れた事業責任と取締役を配置することにより、事業ごとのBS責任と投資回収責任を果たす内部規則を策定する。
- ✓ 価値連鎖の融合において、内製化シフト、ボリュームゾーンシフト、付加価値サービスシフトの融合戦略を実現する価値創出と価値移転を行える組織実体を創出し、意義を定義づけする。

第3階層　組織設計シート

組織設計 PDCA10ステップノート

PDCA ステップ 5〜6：組織実体と組織形態の策定＋戦略機能とオペレーション機能の分離

> コツ！
> ・ステップ2「主たる取引以外の取引」のグループ群から，オペレーション取引と戦略的役務取引に分けます。
> ・戦略的機能の分離と，グローバル組織再編の組織形態を設計します。
> ・オペレーション集約拠点とグローバル統括拠点の原価構造の対比が，それぞれの組織案です。

主たる取引以外 (役務取引)	取引ルート				営業利益率 (取引ベース)
	取引グループID	サブID	取引グループID	サブID	
MG1	G5		G7		
MG2	G5		G8		
MG3	G6		G7		
MG4	G6		G8		

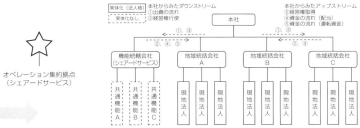

組織案1：オペレーション機能集約型組織

オペレーション取引	取引グループID	インバウンド／アウトバウンド取引額 (%)	営業利益率 (%)
MG1	G5⇒G7	23%	3%
MG2	G5⇒G8	19%	2%
オペレーション集約拠点			

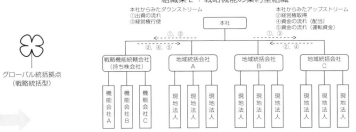

組織案2：戦略機能の集約型組織

戦略的役務取引	取引グループID	インバウンド／アウトバウンド取引額 (%)	営業利益率 (%)
MG3	G6⇒G7	25%	8%
MG4	G6⇒G8	20%	5%
オペレーション集約拠点			

第4章

第4階層　事業への資産割当と投資回収

　第4階層は，事業への資産割当と投資回収を設計します。第3階層までにおいて，組織形態，地域拠点への組織実体の割り当て，法人格に対する出資体系を設計しました。第4階層では，実体をもった地域拠点の資産を事業に割り当て，連結上の分割BSを策定します。地域拠点による付加価値創出を各事業に配賦するだけでなく，その付加価値を創出した資産をその事業セグメントに割り当てます。地域拠点という「ミクロでの投資回収」と，事業セグメントという「マクロでの投資回収」を分けて論じることが可能になります。地域拠点別の収益構造，事業セグメントの投資回収性までの設計を目標とします。

第4階層：事業への資産割当と投資回収「投下資本回収性評価とBS責任」

▶ 事業へのBS責任付与と，地域拠点からの投資回収の整合性設計

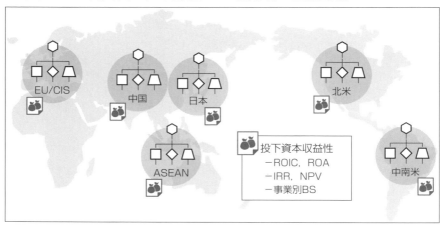

1．PDCAステップ7：事業への資産割当

地域拠点のBSに計上されている資産が，どの事業に属し，どのP/L科目と紐づけされ，どのような投資回収性があるか，投資回収構造を明確化します。主たる取引が実体化された拠点に集約されましたので，事業と拠点の資産を関連付ける設計を目標とします。

1－1．事業への資産の割り当てが困難な理由

資産分割にあたり，事業への配賦基準の論拠付けが必要です。建屋の床面積，作業時間，作業員数，製造原価に比例させて，資産を分割します。通常，事業への分割BS作成には，社内経理ルールにて配賦基準が定められています。しかし，事業への資産配賦の唯一の基準化は，地域，事業，本社にとって，必ずしも都合が良いわけではありません。明確に定めないほうが良い合理的な理由があります。配賦基準は，その事業年度の事業別実績，地域別実績を勘案して，柔軟に対応できる形であるほうが融和的であるケースが多いのです。企業にとって，経済環境の変化に応じた事業ポートフォリオの変更や，資金が潤沢なところから潤沢でないところへ融通することは合理的であるからです。唯一の配賦基準を設定してしまうと，不利益をもたらしてしまう可能性があります。ここに，本社vs事業，事業vs事業のゲーム的状況が発生します。

1－2．配賦基準整備を取り巻くゲーム的状況

事業の視点では，投資回収評価KPI（例：ROA）の分母である分割資産ができるだけ少ないほうがROAはより大きくなるため，営業成績の好不調に応じて柔軟に対応したい意思が働きます。そのため，唯一の資産割当基準が簡単には策定できない背景があります。本社，事業の立場から，明確な配賦基準の策定を避けたいという意思が働くため，「ゲーム的状況回避策を整備したくない」というゲーム的状況が発生します。制度設計フレームワークにおいて，分割BSの配賦基準の精緻さを追求してもあまり意味はありません。むしろ，配賦基準の選択肢を複数，定めることがゲーム的状況の回避策として有効です。

ただし，事業別売上高で資産を割り当てると，どの事業も投下資本回収率は等しくなってしまうので注意が必要です。

事業別固定資産配賦に用いられる配賦基準例
- ✓ 事業別建物占有面積比
- ✓ 事業別直接作業時間比
- ✓ 事業別作業員数比
- ✓ 事業別製造原価比

1－3．BS分割のオペレーション規則化のコツ

　BSに計上されている資産はそれぞれの特徴があります。一物一価の絶対評価が可能な資産（例：現金）はむしろ少数です。繰延税金資産，評価性引当金など，将来の収益やリスク回避のための資産計上など，特別の意味も持つため評価時点での時価で決まります。税務では，この資産評価時点を支配力が移動するときとし，「税制非適格」として定義しています。税制非適格時，税制適格時における「事業へのBS分割の一連作業」を，連結の範囲，少数株主持分，持分法による投資損益，のれん，為替換算調整勘定，連結修正項目などのオペレーションフローとして規則化しましょう。配賦基準などのゲーム的状況を発生させる核心部分は柔軟に解釈できる余地を与えることがコツです。

▶ **支配力移転時に時価評価が必要なBS科目**

売上債権，棚卸資産，有価証券，関係会社有価証券，貸付金，繰延税金資産，有形固定資産，無形固定資産，繰延資産，評価性引当金
仕入債務，未払金，借入金，社債，未払い税金，負債性引当金，繰延税金負債，前受け金
純資産，資本剰余金，利益剰余金，自己株式，繰延ヘッジ損益，その他の有価証券評価差額金，土地再評価差額金，新株予約権，少数株主持分及び為替換算調整

1-4. 実務の流れ

　経常時（税制適格）における BS 分割規則は，複数事業で共通に使用されている生産設備に着目します。簿価の大きな順に列挙しましょう。M&A など支配力が移動する非経常時（税制非適格）の BS 分割では，時価評価を採用します。

▶ 固定資産の簿価と時価

固定資産	総床面積	簿価	時価
固定資産1			
固定資産2			
固定資産3			

　複数の配賦基準にて固定資産を事業に配賦します。複数の配賦基準を示し，事業別固定資産を設計します。

▶ 固定資産の事業別賦課

固定資産1	事業別簿価	配賦基準			
		建物占有面積比	直接作業時間比	作業員数比	製造原価比
事業A		40%	50%	30%	40%
事業B		30%	25%	40%	20%
事業C		30%	25%	30%	40%

　固定資産の事業別簿価の積み上げにより，事業別分割 BS の基礎が完成します。ただし，この時点で評価できる回収投資性は，固定資産から創出された利益のみです。理由は，投資回収性評価式の分母が固定資産の配賦のみだからです。事業別 ROA 算定のためには分母として総資産を，事業別 ROIC 算定のためには分母として固定資産＋有利子負債を算定する必要があります。また，ROE は，自己資本を分母とした純利益に対するスポット利回りですので，事業別自己資本の分割が必要です。実務上，組織設計における投資回収評価には，「事業別の分割固定資産を分母とした営業利益のスポット利回り」が算定でき

れば十分と考えます。

▶ 事業別投資回収性の評価

投資回収性評価	分割BS（固定資産ベース）	事業別営業利益／事業別分割BS
事業A		
事業B		
事業C		

2．PDCAステップ8：投資回収の評価

2-1．投資回収の視点

　投資回収評価にはコーポレート視点での評価，事業セグメント視点での評価，拠点視点での評価があります。それぞれ，定義式の分母たる投下資産，分子たる利益が異なります。コーポレート視点の投資回収では，連結総資産に対する連結営業利益率を評価します。拠点視点の投資回収は，拠点の総資産に対する拠点営業利益を評価します。事業セグメント別の投資回収は，事業別資産に対する事業別営業利益を評価します。事業別の投資回収評価は，事業ポートフォリオの入れ替えなどを行う必要な判断材料です。

2-2．投資回収評価の方法

　投資回収性の評価方法には，ある時点のマージンで評価する方法と，時間的価値を考慮したイールドで評価する2つの方法があります。

投資回収性の2つの考え方

① マージン回収性…時間的価値を考慮せず，ある時点（スポット）での収益を投資額で除した割合。ROE・ROIC・ROAなどがスポット評価の典型例。
② イールド回収性…時間的価値を考慮し，投資期間に発生する収益を現在価格に割り引いた総体にて初期投資額を除した割合。IRRやNPVが典型指標。

2−3．事業セグメント別投下資本回収指標の多角的視点

事業体が自らの収益責任やBS責任を認識していない状態にて，事業へのBS分割と投資評価を行っても自身の経営問題として認識できません。「事業収益が上がってこそ，地域拠点の構築が意味をなす」という理念／概念を，第4階層設計は社内ルールとして確立します。事業別分割BSは，事業体が自らの事業セグメントの投下資本回収性を多角的な視点から評価することを可能にします。

事業別セグメント別の投下資本回収指標
✓ 事業別キャピタルコスト＝事業別営業利益率／事業別（棚卸資産＋設備投資）
✓ 事業別ROIC＝事業別税前利益／事業別（株主資本＋有利子負債）
✓ 事業別ROA＝事業別営業利益／事業別総資産
✓ 事業別ROE＝事業別純利益／事業別株主資本

2−4．定量因子による評価指標KPI

定量評価指標は，スポット値，マージン値，イールド値の視点で分類できます。

分　類	代表的な定量評価指標
P/Lスポット値	売上高，営業利益，純利益
P/Lマージン値	限界利益率，製造原価率，販管費率，営業利益率
BSスポット値	ネット資金，運転資金，CAPEX
BSマージン値	ROE，ROIC，ROA
FCFイールド値	NPV，IRR

スポット指標，マージン指標，イールド指標を異なる定量評価因子として明確化することにより，種類の異なる指標を比較する際に生じるゲーム的状況を回避することができます。また，投資家の種類（資本投資家or負債投資家，長期投資家or短期投資家，リスク選好orリスク回避）によって，適切な投資評価指標は異なり，求められるリターン水準も異なります。資本投資家，長期

投資家、リスク選好型の投資家は、長期的視点でのエグジットを狙うため、業績変動が大きいことを許容します。そのため、スポット指標よりイールド指標が適しています。負債投資家、短期投資家、リスク回避型の投資家は、業績が安定していることを評価基準に置きますので、イールド指標よりスポット指標やマージン指標が適しています。

また、同規模同業種企業群の平均値と比較する必要があります。定量評価指標を選定したのち、サンプル企業群の市場データを集め、回帰曲線を策定しベンチマークとします。評価対象の会社や事業の成績と比較すると、ベンチマークに対する優劣がわかり、それを客観的なスコアリング値として評価します。

それに対して、定性因子による評価は、主観的要素が加わります。目に見えない信用力を加味して、スコアリング値が算出されます。定性要因の重要さを否定するものではありませんが、定性因子による評価というのは主観的に変動するものですので、定性因子数値化を巡ってゲーム的状況が発生します。このようなゲーム的状況を回避するためにも、定量評価指標の意味を正しく理解し、組織設計に用いることが必要です。

2－5．事業ポートフォリオ再編ツールとしての投下資本回収指標

コモディティー化した事業と、付加価値性の高い事業では、投資回収評価の定量化の前提が異なります。コモディティー化した事業は、競合力を失いマージンをとれなくなります。付加価値性の高い事業は競合力があり、高いマージンを期待できます。コモディティー化した事業は、販売回転率を高めることにより、キャッシュフロー型に移行する戦略が考えられます。しかし、その事業の投資回収性がコーポレートの資金調達率（WACC）より小さい場合、地域拠点における事業ポートフォリオの見直しが求められます。

2－6．実務の流れ

事業セグメントごとの投資回収性評価と並行して、シナジー創出のためのアクションを起こすことが投下資本回収性を高めるうえで重要です。シナジー創出とコスト削減の取り組みを列挙し、それに行うことでなぜ投下資本コストを削減させることができるかを明確化します。付加価値収益を増やすための方策

として，現場のひとつひとつの取り組みの相互関係を把握しながら，アクションプランを設計します。

投資回収を，スポット指標，マージン指標，イールド指標にて評価するか策定します。イールド指標は，初期投資と経年回収データが必要のため，スポット指標もしくはマージン指標から選定します。

指標分類	投資回収評価指標の選定
スポット指標	ROA，ROE，ROIC，売上債権回転率，棚卸資産回転率，固定資産回転率
マージン指標	限界利益率，製造原価率，販管費率，営業利益率
イールド指標	NPV，IRR

マージン型拠点とキャッシュフロー型拠点の分類

付加価値取引が多い拠点は，営業利益率が高いマージン型商品を生産します。非付加価値取引が多い拠点は，コモディティー商品，パススルー型商品を取り扱うため，営業利益率も低くキャッシュフロー型経営になります。

マージン型拠点の投下資本回収指標の改善アクション

固定費削減と変動費削減による原価構造改善により限界利益率の向上を狙います。新規投資，すなわち固定資産に対しての投資が行える余地が生まれる効果があります。

固定費削減アクション	変動費削減アクション
余剰直接人員の最適化	余剰間接人員の最適化
設備投資の抑制	外製化（アウトソーシング化）
遊休資産の活用，売却	
拠点の集約	

キャッシュフロー型拠点の投下資本回収指標の改善アクション

非付加価値取引に関する現場の取り組みは，販売回転数を上げる効率化が狙

いです。売上債権回転率，棚卸資産回転率，固定資産回転率などのスポット指標によって，投下資本の回収性を評価します。

非付加価値取組の効率化アクション	付加価値創出アクション
売掛金回収サイトの短縮	単純オペレーションの戦略的役務化
買掛金支払いサイトの延長	
リードタイムの短縮	
在庫の削減	
設備投資効率の向上	
稼働率の向上	

　最終的に，地域拠点の特徴として，マージン型拠点 or キャッシュフロー型拠点を明確化したうえで，個別の投資回収KPIを策定し，事業セグメント事の投資回収評価を行います。

	拠点の特徴	投資回収指標KPI	ベンチマーク	投資回収評価	KPI改善策
地域拠点A	マージン型拠点				
地域拠点B	マージン型拠点				
地域拠点C	キャッシュフロー型拠点				

3．第4階層におけるゲーム的状況と回避策

第4階層におけるゲーム的状況	回避策
事業への資産賦課基準の設定	本社，事業の経営指標に柔軟に対応できる分割BS作成フローの規則化
事業別投資回収性の評価指標の選定	事業セグメントごとの投資回収性評価指標を複数選択肢から行うことの既定路線化
投資回収性の視点	スポット指標，マージン指標，イールド指標の明確化
地域拠点の投資回収性評価	マージン型拠点，キャッシュフロー型拠点の投資回収評価の差異を明確化

交渉人養成ポイント7

- ✓ 地域拠点のBS分割に際して、事業セグメントへの配賦基準に柔軟性を持たせた体系にする。複数の配賦基準を本社、事業に提示することにより、ゲーム的状況の発生を回避し、BS分割の作業フローの社内規則化に力点を置く。
- ✓ 投資回収評価において、どのような投下資本（総資産、自己資本、他人資本）に対する回収（営業利益、事業別営業利益、純利益、事業別株主資本）を評価するのか対応を正しく理解する。
- ✓ 投資回収はスポット指標、マージン指標、イールド指標で分類でき、マージン型拠点、キャッシュフロー型拠点には、それぞれの特徴に適した投資回収指標を設定する。
- ✓ マージン回収性は、時間的価値を考慮しないある時点（スポット）での収益評価指標、イールド回収性は時間的価値を考慮した投資構造体としての収益指標であることを理解する。

COLUMN
一般名詞の理解齟齬がもたらすゲーム的状況

投資回収性の議論において，投資利回りをベンチマーク対比で評価したり，投資回収の改善アクションとして投資利回りを利用したりします。M&Aや組織統合の経営意思決定において投資利回りの議論は重要です。

ここで「利回り」という言葉に着目します。

「利回り」は日常生活でも用いられる一般名詞であり，M&Aや組織統合のための特別な専門用語ではありません。しかし，人々のその意味の理解には千差万別の違いがあり，「情報の非対称性」によるコミュニケーションギャップを生じさせています。このように「一般名詞の理解齟齬」が原因で，M&Aという高度な意思決定の現場にてゲーム的状況が多数発生しているとしたら，意外に思われるでしょうか？

利回りの理解を困難にしている理由は，マージン（ある時点での利ざや）とイールド（時間的価値を含んだ利回り）の2つの概念にあります。2つの違いは，時間的価値を含むか否かです。

実は，この「時間的価値」ほどやっかいなものはありません。「1年後の100円の現在価値は？」の答えは簡単です。銀行に預ければ金利が付きますから，「1プラス市中金利で割り引く」が正解です。では「1年後の100円と2年後の100円の現在価値は？」はいかがでしょうか。途端に難しくなりました。なぜなら，1年後と2年後の市中金利についての仮定や条件設定が必要になるからです。このように時間的価値算定とは，幾重の条件設定と仮定の上に成立する理論なのです。往々にして，使う人に都合の良い条件設定と仮説がなされます。

このような時間的価値の概念を排除した指標がマージン（利ざや）です。しかし，マージンにおいても，ある時点の絶対値を指すのか，割合を指すのか，またしても2つの意味での解釈が可能だったのです。このようにして，「利回り」には，スポット，マージン，イールドという3つの指標が同居し，使用する人それぞれで異なった意味で使っているという状況になりました。

M&Aの議論において，よく耳にする質問です。

「この株式投資のIRRは何％か？」

この会話において言葉の齟齬が発生していることがおわかりでしょうか？

IRR（内部収益率）は債券投資で用いられるイールド指標です。債券は英語に訳すとFixed Income（固定収入）です。すなわち，額面，クーポンレート，投資期間，エグジットにおける価格が固定されている投資構造体（ストラクチャー）に対応して，初期投資に等しい割引率の算定に用いられるのがIRRなのです。

それに対して，株式投資は額面なし，確定された配当なし，投資期間の定めなし，エグジット価格に至っては株式を売却するのかも定かではありません。株式（Equity）投資とは，投資構造体にストラクチャリングする性質ではないため，株式投資とIRRを結びつけても，次元が異なる相手なのです。仮に，株式をIRR計算式で評価するならば，Fixed Income化させるための多くの仮定と条件を設定しなくてはいけません。ただその時点で，すでに株式ではなくなってしまうので意味がないのです。

　高度にトレーニングされたM&A専門家でさえ，このような言葉の間違いについて感覚的にわかっても，体系的に解説することはなかなか困難です。

　もし，優れた交渉人がクライアントから「株式投資のIRRはいくらか？」と質問されたときに，「失礼ながら」と言うでしょうか？

　果たして「ざっと30％ぐらいです。」（配当性向が30％であるため）などと回答すれば満足してくれることを知っている賢明な交渉請負人は，敢えてゲーム的状況を発生させる選択はしません。意味がないと知りながら，IRR＝30％ありきの事業計画（プロジェクション）を策定することと，クライアントに対して自ら事業計画を策定するように論じることを比べたら，どちらがゲーム的状況の回避策として有効かは自明なのです。

　このように利回りや投資回収性を表象する言葉の多くは抽象的であるため，交渉ゲームで使用する言葉に対しては，どんな初歩的なものであろうと，相手と共通理解を深めることが重要になります。

第4階層　組織設計シート

組織設計 PDCA10ステップノート

PDCA ステップ7：事業への資産割当

固定資産	総床面積	簿価	時価
固定資産1			
固定資産2			
固定資産3			

コツ！
・複数事業で共通に使用されている生産設備の中で、特に規模の大きな順に列挙します。

固定資産1	事業別簿価	配賦基準			
		建物占有面積比	直接作業時間比	作業員数比	製造原価比
事業A		40%	50%	30%	40%
事業B					20%
事業C		30%	25%	30%	40%

コツ！
・それぞれの生産設備ごとに、複数の配賦基準を提示します。

投資回収性評価	分割BS（固定資産ベース）	事業別営業利益／事業別分割BS
事業A		
事業B		
事業C		

コツ！
・それぞれの固定資産の事業別簿価を積み上げることにより、事業別分割BSのベースとします。

PDCA ステップ8：投資回収の評価

コツ！
・投資回収指標の選定：スポット指標、マージン指標、イールド指標の内から、評価指標を策定します。
・地域拠点をマージン型orキャッシュフロー型で特徴付けて、投資回収評価にとどまらず、改善アクションまで策定します。

指標分類	投資回収評価指標の選定
スポット指標	ROA, ROE, ROIC, 売上債権回転率, 棚卸資産回転率, 固定資産回転率
マージン指標	限界利益率, 製造原価率, 販管費率, 営業利益率
イールド指標	NPV, IRR

	拠点の特徴	投資回収指標KPI	ベンチマーク	投資回収評価	KPI改善策
地域拠点A	マージン型拠点				
地域拠点B	マージン型拠点				
地域拠点C	キャッシュフロー型拠点				

第 5 章

第5階層　グローバル組織構造

　第5階層は，戦略機能分離と BEPS リスク対応型のグローバル組織を設計します。グローバル組織としての事業と機能を最適配置します。戦略機能を分離して，集約化し実体を持たせることにより，新たな付加価値創出にチャレンジします。戦略機能をなぜ分離するのか，どれだけ価値向上するのか，を客観的かつ定量的に論証します。戦略機能単独でのオプション価値というミクロな視点と，グローバルタックスシミュレーションによる実効税率の極小化をマクロな視点で評価するモデルを構築します。これは BEPS リスクに抗弁するための「攻めの論拠」です。

▶ 戦略機能分離と集約による BEPS リスク対応型の組織設計

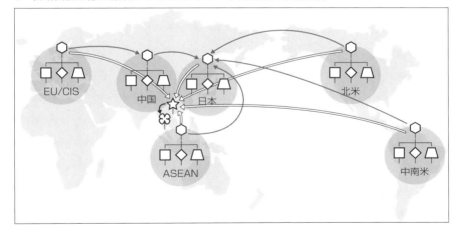

1．PDCA ステップ 9：BEPS 対応型グローバル組織策定とオプション価値

第 4 階層までにて，グローバル組織構造の論拠性を構築しました。

地域，事業，機能，出資に整合性のあるグローバル組織
① 地域：事業統括単位，管理会計単位の本社／地域への帰属性
② 事業：事業統括，管理会計の本社／事業体への帰属性
③ 機能：直接機能と間接機能の分離 or 集約，帰属性
④ 出資：支配力の実効性を担保する組織

さらに PDCA サイクルを回すことにより，地域／事業／機能／出資の 4 視点での論理性を構築します。第 5 階層では，戦略的機能分離というオプション戦略を用いて，組織設計論拠を確立させます。

国際取引での利益移転元国と利益移転先国との間において，主たる取引たる財取引の「付加価値性」の論拠性は比較的担保しやすいといえます。財取引と役務取引の中間的性質を持つ戦略的役務の「付加価値性」を論証することが，国際間利益移転の焦点です。戦略機能の統括拠点は，プロフィットセンター型とコストセンター型の中間的な特徴を持ちます。戦略的役務を新たな付加価値収益として高い利益マージンにチャレンジできる拠点です。

同時に，BEPS などの国際税務上リスクを担保する必要があります。戦略的役務による付加価値創出の論拠を確立，明文化し，利益移転元国，利益移転先国の税務当局と戦略的に ATR/APA という事前承諾をとることが目標です。

1-1．分離するオペレーション機能と戦略機能のノミネート

機能分離によって，事業部に共通する機能を共有化することができます。分離された機能は，組織構築の重要な付加価値創出拠点になります。その応用が，アジア本社やグローバル本社など戦略拠点の海外移転です。付加価値発生ポイントを実効税率の低い国に移転させることで，利益移転にチャレンジできます。

たとえば，シンガポールは優遇税制が整っており，外資規制を受けずに，アセアン経済圏への金融機能や購買機能の戦略的役務取引を提供できます。また，タックスプランニングという視点からも，グローバルな出資体系とそれに基づく租税地課税と節税対策になります。

戦略的役務取引は，統括機能，金融機能，購買機能，IT機能などです。特に，統括機能は付加価値創出ポイントとして認識されます。統括機能とは，その他の機能における管理制度を，子会社や事業部の自主性を基礎に置きながら，本社が管理を行う機能です。子会社や事業部の実行部隊の主体はあくまで事業部であり，収益追求とその計数管理の実行においての主体であるべきですが，「事業部 vs 本社」，「子会社 vs 親会社」の自主性，自立心，自律心などの定性要因の管理が必要になります。ここにゲーム的状況が発生します。ゲーム的状況の回避策として，権限移譲や子会社派遣の取締役の再教育など，管理制度の規則設計が必要になります。

本社で定めるルールとして，子会社や事業体がその機能を分離したときの責任主体とオペレーションフローの関係を明確化します。この責任主体と権限移譲を明確化することにより，機能分離後の機能の不整合性を排除させることができます。

▶ 役務取引の付加価値性の定義と規則

属性因子	非戦略機能	戦略機能
機能の種類	グループ内委託代行 単純オペレーション業務 シェアードサービス	グローバル統括機能 地域統括機能 金融機能 購買機能 販売機能
利益追求性	移転価格，アームスレングスルール内での対価	利益を追求する
付加価値創造	付加価値を生み出すインテリジェンスなし	付加価値を生み出すインテリジェンスあり
利益の性質	付加価値性収益と解釈できる余地なし	付加価値性収益と解釈できる余地発生

1-2. 戦略機能分離のメリット，デメリット

◆ メリット
① CAPEXを必要とせずに，FCFを創出できること
② インテリジェンスを含む戦略機能は，会計的に付加価値売上計上できる可能性があること
③ インテリジェンスを含む戦略機能は，税務的に付加価値収益計上できる可能性があること

◆ デメリット
① 本社登記国で役務収益が国外へ利益移転される際，二重課税が発生するリスク
② アームスレングスルールに基づいたグループ内取引マージンの否認リスク
③ 多国間の財取引に係る移転価格税制をベンチマークとして，役務性収益の移転には適用できないリスク
④ グループ内の財取引に係るアームスレングスルールが，役務性収益の移転に適用できないリスク

1-3. インテリジェンスのある戦略的金融機能とは？

　インテリジェンスのある戦略機能とは，単純オペレーション機能に戦略性というインテリジェンスを付与したものと定義します。単純オペレーション機能は人件費が安く，外資規制も低く，人件費も安い国にて運営するシェアードサービスセンターです。代理業務によるサービス提供にて固定費削減することが目的です。

　シェアードサービスが発展して，為替マリーや売掛買掛インボイスの集約と相殺など戦略性のある金融機能を提供するという考え方が生まれました。戦略的金融機能は利益移転を実現させる有力な抗弁論拠となり得ます。

▶ **戦略的金融機能**

① 資金機能
　地域資金の集約，子会社借入金の管理，運転資金を構成する債権債務の管理，企業与信と借入与信管理，資金調達機能
② 決済機能
　支払日サイト統一，国内決済の制度統一，海外決済の制度統一，代行予約
③ 為替機能
　為替エクスポージャーの削減，為替予約
④ 出資機能
　子会社出資規定，子会社による親会社への配当決議ルール（子会社や事業体の余剰資金を，一定のルールに従って，親会社に集約させる仕組み。二重課税の担保行動も含まれます）
⑤ リインボイス機能
　購買機能が代行業とされる場合，実際の商流に伴う債権債務の所有者は，子会社や事業体のままです。そのため，債権債務を一度，購買機能が買い取り，それを商流と合致した所有者と同期させる手法をリインボイスと呼びます。これによって，商流と債権債務の所有者が明確化されます。購買機能実体の与信を分離させて，合理的に評価することができます。

1-4. BEPS時代の戦略的金融機能取込み

　グループ内金融機能オプションの取込みよる企業価値創造戦略の基本は，下記の戦略モチーフの組み合わせになります。

戦略モチーフ①：金融機能のオプション価値の取込み
✓ 「負債性資金調達機能」，「地域通貨集約機能」，「決済機能集約機能」，「為替リスク集約機能」の取込みが，企業価値に及ぼす影響を個々に算出します。
戦略モチーフ②：金融機能を段階的に取り込んだ時の企業価値向上ストーリーの構築
✓ 金融機能オプションの取込みディシジョンツリーによるリアルオプション評価モデルを策定し，「金融機能を段階的に取り込んだときの企業価値推移」をシミュレーションします。

1-5. 戦略モチーフ①：金融調達機能のオプション価値の取込み

地域子会社が信用力を増して，単独の与信力で地域内の金融市場から資金調達機能を持つことは合理的です。子会社が負債性資金機能を有したときのオプション価値を評価しましょう。

実証的アプローチ方法：子会社負債性資金と親会社株式価値の相関性

- 株式市場価値と純資産との差（市場価値 − 純資産）をマーケットプレミアム Ym と定めると，Ym と $X\alpha, X\beta$ との相関関係を分析します。
- 株式理論価値と純資産との差（理論価値 − 純資産）をマーケットプレミアム Yt と定めると，Yt と $X\alpha, X\beta$ との相関関係を分析します。

仮定
　余剰現金の事業価値への影響を除くために，サンプリング企業群のネットDEレシオは等しいとします。また，少数株主持分は，株主価値に含めます。

変数の定義
- 負債の銀行借入依存度 $X\alpha = \Sigma$ 子会社銀行借入 ÷ 連結有利子負債
- 負債の債券借入依存度 $X\beta = \Sigma$ 子会社債券調達 ÷ 連結有利子負債

▶ **アウトプット①：子会社負債性資金オプションと親会社株式価値の回帰式の差＝市場性負債オプション価値**

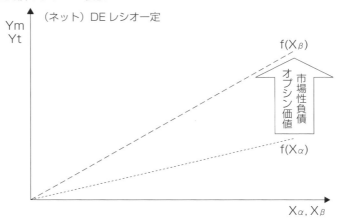

本アプローチは，子会社が債券発行や銀行借入を行っている親会社の株式価値と子会社の実証データに依拠した分析方法です。サンプリング該当企業を複数みつけることができれば，戦略的金融機能による付加価値創出の論拠性を高めることができます。

シミュレーションによるアプローチ方法：親会社理論値に子会社負債調達機能が与える影響を算定

子会社の負債性資金調達力と企業価値には相関関係があり，「負債性資金の市場性が増すほど正の相関性が高くなる」という仮説を立て，グループ内の負債発行体機能が創出する事業価値を，リアルオプションアプローチを用いてシミュレーションします。子会社が調達する負債性資金の質（＝市場性オプション）が，親会社株式市場価値，株式理論価値に及ぼす影響を定量的に分析し，金融機能オプションが創出する付加価値の定量的回帰式を導きます。

▶ アウトプット②：親会社理論値に子会社負債性資金オプションが与える影響

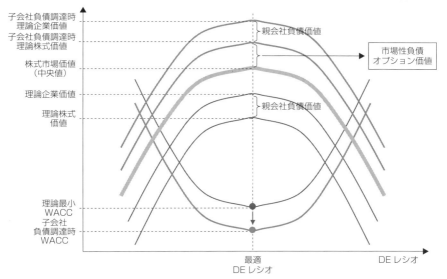

> 仮説：子会社の負債性資金調達機能は，有利な市場性金利であるほど，親会社の
> 事業価値増加と正の相関性を持つ。

　子会社負債調達時の理論企業価値と親会社理論株式価値との差から，負債性資金調達機能のオプション価値を算出する方法です。

　このような差分を用いるアプローチでもオプション価値を算出することができます。用意できるデータに応じて，実証的アプローチをとるか，リアルオプションのようなシミュレーションアプローチを用いるか，より適切な選択をします。

1－6．戦略モチーフ②：金融機能を段階的取込みする企業価値向上ストーリーの構築

　金融機能を段階的に取込んだときのオプション価値を評価します。時系列に沿った金融機能の選択と，株式価値の推移をシミュレーションします。

金融機能オプションを取込んだときのオプション価値評価モデルの構築法
ステップ１．取込むべき金融機能の選択
(1)　地域未集約資金の集約
(2)　為替リスクの集約
(3)　グローバルタックスコスト最小化など

ステップ２．オプション取込みの時系列ディシジョンツリーの設定

機能取込ステージ	初　期	中　期	後　期	成熟期
オプション変数	子会社負債性資金調達主要３通貨集約	地域資金集約為替集約	タックスコスト最小化	地域資金集約為替リスク一元化

ステップ３．リアルオプションによるオプション価値定量化
✓　選択したオプションが，将来創出する価値を定量的にシミュレートします。
✓　価値創出機能，価値移転機能の全オプション変数の取込み効果の可視化を行います。

✓ 金融機能オプションの取込みによって創出される付加価値との定量的な相関関係を分析し,リアルオプションモデルの変数と回帰式を導きます。

▶ アウトプット:**各金融機能のオプション価値**

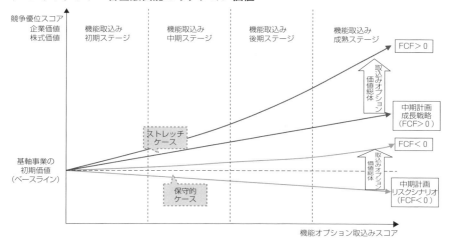

ステップ4. BEPS時代の金融機能オプション取込みがもたらす価値移転効果のモデル化

▶ 仮説:

✓ 競争優位性は,価値創出,価値移転オプションが取込まれた時の企業価値,株式価値にて評価される。
✓ 競争優位に優る企業は,リアルオプション型評価モデルの競争優位スコアが高くなる。
✓ 競争優位をもたらす経営資源の多様化と価値連鎖の変化=価値創出オプションと価値移転オプションによって,競争優位的に価値連鎖が達成される。

フレームワークの実証性を検討するために,定量評価モデルを策定します。評価モデルは,新しい経営資源としての「価値創出機能」,「価値移転機能」と「取込み順序(ステージ)」のディシジョンツリーに基づいた「グローバル競争優位モデル」です。

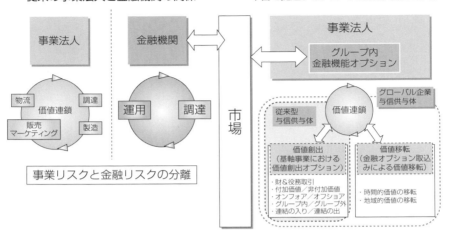

1-7. 機能価値定量化のための算定手法

1. 将来価値の差分（時間的価値を含む＝イールド値）

(A) 予測FCF創出の総体の差異

　機能単体の価値 ＝ 機能を含む資産価値 － 原資産価値

　　　　　＝ Σ（機能分離後FCFの現在価値）－ Σ（機能分離前FCFの現在価値）

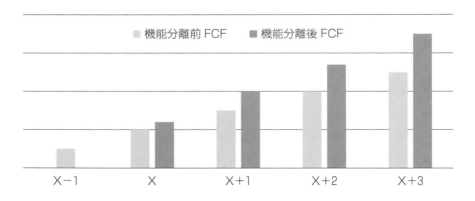

(B) 予測 FCF 創出の差分総体の現在価値

機能単体の価値 = Σ(機能分離後 FCF − 機能分離前 FCF)の現在価値

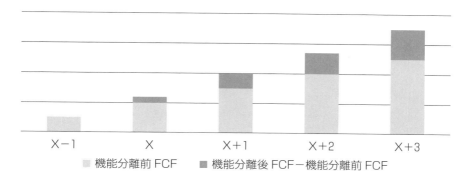

2．EVA（時間的価値を含まない＝スポット値）

企業がある期間で創出した価値から投資した資本コストを控除したスポット値。

経済的付加価値 EVA = 税引後利益 −(資本コスト × 投資資本)

1 − 8．評価モデルと競争優位性の相関性

▶ 金融機能の属性因子

金融機能評価モデル（リアルオプション的評価式）

$$F = a + f(b) + f(c) + f(d) + f(e) + f(g) + f(h)$$

オプション変数	変数の説明	属性因子
a	金融機能のない基軸事業の価値	EBITDA マルチプル，スポット企業価値（EVA），時間的価値含む企業価値（DCF）
b	基軸事業との整合性と相乗効果	整合性因子（顧客層の同期度，収益構造の適応度，インフラの同調性など），相乗効果因子（資金調達コスト減少効果，売上貢献に対する効果など）
c	金融機能の本質性・専門性の追求	本質性因子（価値移転，自己売買，ニーズベース，リスクヘッジなど），専門性因子（金融商品種類，金融商品組成能力，オペレーション能力など）
d	金融機能の業務連携	業務連携因子（コーポレートファイナンス，アセットファイナンス，リレーションシップマネージメントなど）
e	自己売買部門によるリスクテイク	リスクテイク因子（トレジャリー能力，ポートフォリオリスク分析，ALM 分析など）
g	法的規制による環境因子	移転元国税率，移転先国税率，BEPS 制御因子
h	組織的・人的因子	組織的要因（ホールディングス制，事業部制，インターカンパニー制）

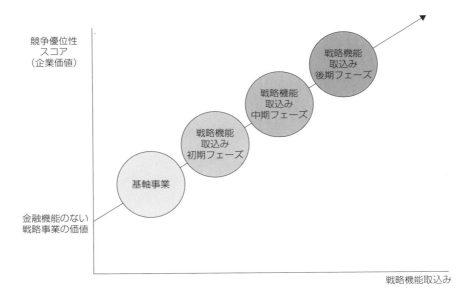

2．PDCAステップ10：エクイティーストーリーと事業計画策定

　主たる取引に着目した拠点の地域最適化にて，地域，事業，機能，出資の4つの視点から論理性のある，出資体系，組織の実体化，戦略機能のオプション価値を設計しました。BEPS時代のグローバル組織の論拠策定最終ステップは，APA，ATR作成のための論拠の体系化です。BEPSリスクは過去に遡及して税務否認を受ける可能性がありますので，利益移転元国，利益移転先国に対する論拠を体系付けます。

2－1．BEPSリスクを引き起こす新しい取引の影響

　BEPSリスクを引き起こす新しい取引は，PDCAサイクルに影響を及ぼします。取引の性質の分類と整理によって，自社の付加価値取引がどのPDCAステップに影響を及ぼし得るのかを検証します。
　ステップ1「取引の分類と属性の付与」において，「生産委託先と生産委託

元間の財取引」や「間接機能の集約先と集約元間の戦略的役務取引」など役務取引について，その付加価値創出ポイントの論拠が必要です。

ステップ6「戦略分離とオペレーション機能の分離」において，役務性収益の付加価値性の定量化手法を持つことによって，なぜその機能を集約化させたほうがよいのか，その機能を持つと持たない場合の機能オプションの価値はどれ程かの問いに答えられます。分離される機能の付加価値性のレベルが問われます。付加価値がなければ，単なる機能の集約でありシェアードサービスになります。戦略性が高いと役務取引から生じる付加価値収益は，その計上方法が問われます。

ステップ9「BEPS対応型グローバル組織策定とオプション価値」において，価値連鎖，価値創出，価値移転による競争優位原理フレームワークを活用できます。グローバル企業が新たな競争優位的設計フレームワークを持つことで，BEPSリスクを担保した国際分業体制構築の論拠付けができます。また新たな取引の付加価値性を独自に論拠付けることができます。

2-2．BEPS時代の事業性評価フレームワーク

BEPSリスクに対応した組織設計フレームワークの論理構成

BEPS発生因子として，「戦略機能を収益源泉とする役務性収益」に焦点を当てます。そして，その付加価値性を定義するためには，「価値創出」の概念を導入します。さらに，機能移転やその集約化による競争優位性の論拠付けには，「価値移転」の概念導入と，その定量化手法が必要です。ここに，価値連

▶ **国際取引多様化とBEPSが国際問題化した変遷**

取引の国際化	事業と機能の分離	戦略機能の集約化
・国際分業化（部品と組立の分業） ・ファブレス化，OEM化 ・系列や商慣行の希薄化によるグループ外調達 ・プラットフォームの共通化 ・ノックダウン生産の浸透	・戦略機能の分離 ⇒統括機能による付加価値収益の発生 ・金融インフラの整備 ・直接金融市場の整備 ・グループ内ファイナンス機能の高度化 ⇒金融機能による付加価値収益の発生	・従来型の財取引／役務取引と性質の異なる戦略機能を収益源泉とする役務取引が発生 ・その役務性収益の会計税務的整理がないため，収益移転元国と収益移転先国において，二重課税されるリスクが高まった

鎖＋価値創出＋価値移転という概念によるグローバル企業の競争優位性フレームワークを提起します。

スコアリングによるこれまでの事業性評価モデル

```
これまでの事業性評価の手法の問題点
  ◆ モノづくり企業の調達拠点，生産拠点，販売拠点がグローバルに展開する
    なか，日本国内のスコアリング指標が用いられていること
  ◆ グループ連結におけるタックスプランニングの視点が欠如していること
  ◆ BEPSなどの新たな国際税務リスクを担保するフレームワークではないこ
    と
  ◆ 価値創出，価値移転，価値連鎖の地域間価値移転を考慮していないこと
```

　これまでのスコアリング手法は確固たる格付けという分野を形成していますが，スコアリングして事業を客観的数値化して評価するということが時代に即さない評価手法となりつつあります。

　BEPS時代においては，中小企業でさえグローバルな製造拠点を展開し，中国やアセアン諸国に製造拠点を持つ企業が多く存在します。このような時代背景において，事業性評価とはどのような視点を持てばよいのでしょうか？

新しい事業性評価フレームワークとBEPSリスク対応の共通性

　従来型スコアリング手法をやめ，「組織設計フレームワークによる評価」手法を導入するにあたり，組織設計の要件とBEPSとの共通点はヒントになります。BEPSリスクが発生する以前は，事業法人と金融機関がそれぞれ事業リスクと金融リスクを分離していました。

　今日のM&Aにおけるグローバル組織最適化は，BEPSリスク発生要因の排除と同じ効果を持ちます。戦略機能取込みが企業価値形成の構成因子であることをもって，付加価値利益の定義としているからです。事業と機能の最適配置という共通課題です。

　たとえば，金融決済インフラのグローバル化によって，多くの事業法人は自ら金融機能を取り込み，さまざまな金融手法によって事業リスクのヘッジを行

▶ 従来型の価値連鎖活動と金融機能活動

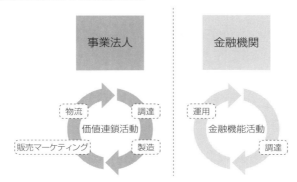

▶ BEPS時代のグローバル競争優位モデル

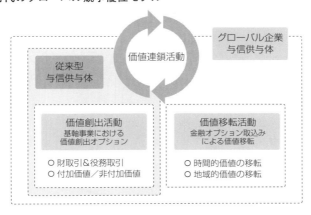

うノウハウを習得しています。しかし，利益移転先国の許認可取得を前提とした金融機能の取込みは，BEPSリスクを内包しています。競争優位を生み出す源泉たる金融機能の内製化が企業価値形成の構成因子であることを提起し，自律的に社内理論を構築することは，税務当局に対する抗弁ロジックです。BEPSリスクからの自衛のための武器とも言えます。

スコアリングによる事業性評価に対する新規性は，①戦略機能取込みが企業価値形成の構成因子であることを内包すること，②多様化した経営資源や国際取引を「価値創出」と「価値移転」という概念により体系的に整理し，価値連鎖理論を発展させたフレームワークであることです。

M. ポーターの競争優位フレームワークとの融合

　企業の競争優位戦略の評価は，M. ポーターの価値連鎖のフレームワークが有名です。国際取引と収益の多様化が進んだため，事業の価値連鎖の各因子（調達，製造，販売・マーケティング，物流）を取り巻く環境がより複雑化しました。IT インフラの進歩，直接金融市場の発達，金融ツールとリスクマネージメントの高度化，金融規制緩和，グローバル化，国際分業化，事業と機能の分離，中国・東南アジアへ主戦場の変化，企業価値評価手法の高度化など経営環境が大きく変わりました。

　BEPS が発生した背景には，企業の法人登記がなされた国の根拠法と国際法の間において，新しい性格をもった役務収益の解釈余地が生まれたことがあります。M. ポーターの価値連鎖を発展させた，新たなグローバル企業の競争優位性評価のフレームワークが必要とされる理由はここにあります。価値創出や価値移転の新しい概念の付加により，戦略機能が源泉となる役務収益を，体系的に理論付ける必要があるのです。

　BEPS 時代の事業性評価フレームワークは，M. ポーターの競争優位性原理を拡張し，戦略機能オプションの取込みが企業価値創出に及ぼす機序と，オプション別影響を定量評価できる新フレームワークです。価値連鎖／価値創出／価値移転によるグローバル企業の競争優位原理フレームワークです。

　このフレームワークは，戦略機能単体の定量化手法，基軸ビジネス単独価値に対して戦略機能取込みによる競争優位性戦略の理論的枠組みとして利用することができます。具体的には，生産地域拠点，販売地域拠点，戦略機能統括拠点を実体とすれば，単体機能のオプション価値評価による機能分離の意思決定，また，企業価値を最大化させる地域拠点選定にあたっての比較検討フレームワークとしても有効です。

　従来の価値連鎖に，役務取引による「価値移転」，企業独自の付加価値の創出を「価値創出」という概念を加えることによって，価値創出⇒価値実体化⇒価値移転⇒価値連鎖という BEPS 時代のグローバル競争優位性フレームワークが描かれます。

　「価値創出」は，コストリーダーシップ，ブランドの差別化，技術の差別化，商品の差別化，オペレーションの IT 効率化など，戦略機能を源泉とする役務

性収益の付加価値性の論拠を与える概念です。

「価値移転」は，地域資金の移転，為替リスクの移転，アセットの移転，課税所得の移転，時間的価値の移転，地域的価値の移転などの多様な付加価値源泉の定量的手法を与える概念です。

付加価値取引と非付加価値取引を明確に区別させる定義と国際的合意形成がBEPSリスク回避には不可欠であり，そのためには価値創出，価値移転といった新概念を用いて定義し，さらに定量的評価の論拠となる競争優位原理フレームワーク用いることで，BEPS時代に対応します。

BEPS時代のグローバル競争優位性フレームワークまとめ

- ■多様化した経営資源や国際取引を「価値創出」と「価値移転」という概念を用いることにより体系的に整理し，競争優位ある価値連鎖理論に発展させたフレームワーク
- ■「価値創出」は，戦略機能を源泉とする役務性収益の付加価値性の論拠性を与える概念
- ■「価値移転」は，多様な付加価値源泉を整理し，その価値算定の定量的手法を与える概念

2-3．財務諸表で付加価値を表現する方法

財務諸表上で独自の付加価値を表現するには2つの方法があります。

① 売上認識において付加価値売上と非付加価値売上を区別する方法。これは，売上高レベルで付加価値を認識する方法です。
② 営業利益において付加価値利益見合いを調整する方法。これは，営業利益レベルで付加価値を認識する方法です。

付加価値収益を財務諸表上に反映させる意思を持つことで，企業独自のコーポレートファイナンス理論を構築する際，その応用範囲が格段に広がります。成熟期にあるグローバル企業は，付加価値収益という概念を取り入れることに

よって，独自の付加価値性指標 KPI を経営意思に含めることができるようになり，それまでのコーポレートファイナンスのレベルを飛躍させることができます。

2 - 4. 製造業における価値連鎖と付加価値創出の関係

製造業の一連の製造工程である，研究開発，調達・部品製造，セット商品組立，販売・SCM，サービスメインテナンスは，「価値連鎖（バリューチェーン）」と呼ばれます。また，収益性は下図のようなスマイルカーブを描きます。

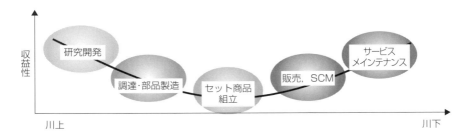

価値連鎖において，主たる取引はその企業の付加価値の源泉となる取引です。内製化，外注化，直接購買網の開拓，集中購買，中間製品たるモジュール化，販売後のサービスメインテナンスなどで，主たる取引の価値連鎖にさらなる付加価値を創出させます。

価値連鎖のそれぞれのポイントで付加価値は創出されます。創出された付加価値は，価値実体化されたのち，「時間的価値移転」もしくは「地域的価値移転」によって，価値連鎖の商流にのります。スマイルカーブは，セット商品組立が最も利益率が低く，川上 or 川下にて，より利益率が向上する特徴があります。

たとえば，「初期の研究開発費」による付加価値は，付加価値源泉ポイントから，どのような流れで価値移転が行われるでしょうか？

初期に係った研究開発費は繰延資産として資産計上が認められています（価値の実体化）。さらに，初期費用に係る会計と税務の期間配分の整合性をとるため，時間的価値の移転が認められています（価値の移転）。重要な視点は，研究開発による付加価値創出と時間的価値の移転までは，会計税務体系によっ

第5章 第5階層 グローバル組織構造　141

▶ 価値連鎖／価値創出／価値移転によるスマイルカーブ

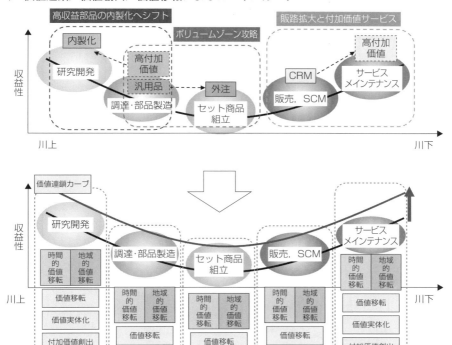

て FCF に織り込むことが担保されていることです。付加価値源泉を自ら生み出したことを担保するためには，「知的財産権の実体化」の行動が必要であることを示しています。

　これらすべての条件によって，付加価値利益発生とその利益移転の対象をもって，BEPS リスクに抗弁できるようになります。

2－5．実体の移転と実体化ができない付加価値取引

　「実体の移転」を伴う取引と，実体化ができない取引の認識が必要です。

① 実体の移転＝財取引
② 実体の移転なし＝役務取引
③ 実体は移転しないが，実体化がなされていない付加価値源泉の移転＝戦略機能による役務取引の創出

　主たる取引が③である場合，改めて「従たる取引」という「戦略機能による役務収益」として定義することにて抗弁することが考えられます。

2-6. グローバルタックスデザイン

　付加価値利益発生ポイントと利益移転の最適化シミュレーションのためには，国外所得と源泉税を明確化させるためのグローバル組織設計の概念が必要です。これによって地域拠点とグローバル統括地域拠点間のグローバルタックスコストを最小化させるパラメーターの抽出と，その取るべき戦略を策定します。

▶ **各国におけるタックスコストの構成要素**

$$X国でのタックスコスト = \alpha + \beta - \gamma + \Omega$$

- X国での国外収益へのタックスコスト ＝ 法人税α＋他国源泉税β－外国税額控除γ
  - 法人税α⇒X国のネット国外収益×法人税率
  - 他国源泉税β⇒X国のグロス利息収益×取引相手国の源泉税率
  - 外国税額控除γ⇒αとβの小さい方
- X国での国内収益へのタックスコスト ＝ 法人税Ωのみ
  - 法人税Ω⇒X国のネット国内収益×法人税率

タックスコスト極小化のため，構成要素ごとにとるべきアクション

構成要素	方針	アクション
ネット国外収益	↑	付加価値源泉の国内集約
法人税率	↓	優遇税制地への付加価値源泉集約
利息収益	↑	地域通貨の未集約資金集約
他国源泉税	↓	取引相手国の中央銀行に働きかけて，源泉所得税の減免交渉を行う

　組織が所属する国や地域における租税法に基づき課税を受ける必要があります。

たとえば、基礎コンセプト設計の段階で、PE課税を受けるか、回避するかの方針決定が必要です。PE課税を回避するならば、この組織の設立目的が現地租税法のPE課税に抵触しないかを検討し、現地当局と交渉し、APAやATRといった事前の許可を取ることが必要です。各国の租税法では、過去に遡及して課税する権利があるのが一般的です。海外に法人設立し登記することは簡単ですが、安易に登記した後に、課税収益に対しての認識を現地当局と行うのは、海外進出に際しての計画性がなかったことを露見させてしまいます。

2－7．価値移転の定義とFCF調整：時間的価値移転の評価手法

広義の繰延資産として、引当金、評価減・減損、繰越欠損金があります。繰延資産は、費用の時間的価値移転です。各国の会計基準においてFCFへの組み込みは異なりますが、設備投資に対する減価償却は費用の時間的価値移転としてグローバルコンセンサスがあり、FCFの定義式に含まれます。

日本会計基準では狭義の繰延資産は税効果会計上の繰延税金資産のみです。会計と税務の一時的差異か永久差異かの判定を受けるので、減価償却超過リスク、引当金繰入超過リスク、評価損益否認リスク、繰越欠損金否認リスクがあります。

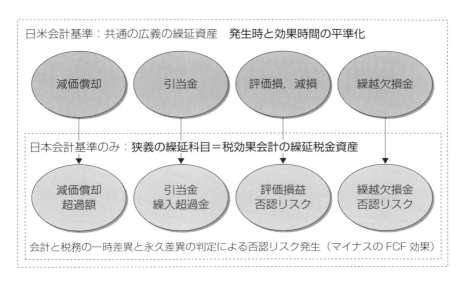

3．第5階層におけるゲーム的状況と回避策

第5階層におけるゲーム的状況	回避策
BEPSリスクを担保するための当局交渉における利益移転の抗弁	BEPS時代のグローバル競争優位性モデルに基づいた利益移転元国，利益移転先国との交渉論拠策定
分離する戦略機能のノミネート	事業や子会社への権限移譲，子会社派遣の取締役のリテンション，管理制度の規則化
役務機能の戦略化におけるオプション価値評価	戦略機能単体での価値評価手法として，実証的アプローチ，シミュレーションによるアプローチを準備
戦略機能の時系列的取込みにおける価値評価	グローバル競争優位モデルにおけるリアルオプションを用いた時系列的評価手法を準備
主たる取引の価値連鎖カーブにおけるさらなる付加価値創出	価値創出ポイントから，価値実体化，価値移転を行う論拠を構成

交渉人養成ポイント8

✓ 地域，事業，機能，出資の4つの論理性のある組織設計を行う。論理性のある組織設計とは，地域の収益向上，事業の収益向上，共通機能の集約による収益向上，出資者による支配力の実行が担保された組織と定義する。

✓ 戦略的役務収益を利益移転論拠として最大限に活用することがBEPS対応型のグローバル組織設計には必須であること，そして，戦略的役務収益の創出にはメリットとデメリットがあることを理解する。

✓ 価値創出ポイントにおけるオプション価値算定手法と，新しい価値連鎖理論によって，移転価格を適切に実施し，企業価値極大化を狙うことが，BEPS時代のグローバル競争優位フレームワークであることを認識する。

✓ BEPS時代のグローバル競争優位モデルは，グローバルタックスデザインを内包し，付加価値源泉の国内集約，優遇税制地への付加価値源泉集約，地域通貨の未集約資金集約，取引相手国の源泉税減免などの行動指針を示すものであることを理解する。

✓ 減価償却費用の時間的価値の移転はFCFの定義式に内包されているが，その他の調整科目の時間的価値移転は交渉事となる。さらに，地域的価値の移転はBEPSリスクを引き起こしている原因であることを認識し，戦略的役務収益を用いて利益移転最適化にチャレンジする。

第5階層　組織設計シート

組織設計 PDCA10ステップノート

PDCA ステップ 9〜10：BEPS 対応型グローバル組織策定とオプション価値，エクイティストーリーと事業計画策定

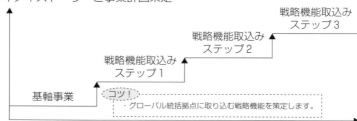

コツ！
・グローバル統括拠点に取り込む戦略機能を策定します。

戦略機能取込みとタックスメリット

グローバル統括拠点		基軸事業 (ステップ1)	機能追加ステップ2 (ステップ1＋戦略機能)	機能追加ステップ3 (ステップ2＋戦略機能)	機能追加ステップ4 (ステップ3＋戦略機能)
	戦略機能	NA			
あり	税前利益				
	税後利益				
	タックスコスト				
なし	税前利益				
	税後利益				
	タックスコスト				
税前利益メリット					
税後利益メリット					
タックスメリット					

コツ！
・グローバル統括拠点の「あり」，「なし」の場合分けを行い，法人税，源泉税，外税控除を加味したタックスメリットを算出します。

戦略機能取込みとオプション価値

グローバル統括拠点	基軸事業 (ステップ1)	機能追加ステップ2 (ステップ1＋戦略機能)	機能追加ステップ3 (ステップ2＋戦略機能)	機能追加ステップ4 (ステップ3＋戦略機能)
オプション価値				
事業価値				
株式価値				
有利子負債				
純資産				
総資産				

コツ！
・戦略機能のオプション価値を機能ごとに計算し，事業価値，株式価値の推移を算出します。

事業計画

連結		統合後計画		
		1年後	2年後	3年後
総売上高				
	付加価値			
	非付加価値売上			
製造原価				
	製造原価率			
	変動費			
営業利益				
	営業利益率			

コツ！
・戦略機能のオプション価値を機能ごとに計算し，事業価値，株式価値の推移を算出します。

第2部

社外交渉プログラム

第1章

M&A 社外交渉力の優劣決定因子

1．M&A 社外交渉力の優劣を決める3因子

　M&A 社外交渉が，社内交渉と大きくことなる点は交渉フレームワークがあることです。①相対の交渉力学，②複数人のゲーム，③交渉人のバリュエーション技量が M&A 対外交渉の優劣決定因子です。

① **相対の交渉力学**

　交渉当事者であるバイサイドとセルサイドの交渉力学は，会社対会社，個別ディールの性質によって，類型別の交渉妥結点を「相対交渉の6類型」に体系化できます。既定路線からどのように戦略的な色づけをするか交渉方針をイメージしましょう。交渉妥結点を凌駕する優位的交渉戦術を発想できるかは，交渉人の技量に依拠します。

② **複数人のゲーム的状況**

　バイサイドとセルサイドに加えて，第三の利害関係者の利益軸が加わります。第三の利害関係者がバイセルサイドに参加することによって，複数人によるゲーム的状況が発生します。ゲーム的状況とは，複数意見の対立状態です。利害が一致しない複数の参加者によるゲームは，必ずしも合理的な交渉妥結点に至りません。

　ゲーム理論とは，人間の行動特性を体系化したものです。囚人のジレンマに代表されるように，心理的矛盾や葛藤が意思決定プロセスにおけるゲーム的状況を作り出します。非協力的に見えるゲーム的交渉においても，ゲーム理論はナッシュ交渉解という定量解を与えてくれます。M&A 対外交渉とゲーム理論の親和性が高い理由は，公正価格範囲と善管注意義務という汎用概念があるか

らです。経営陣は「公正価格範囲内において，バイサイドはできるだけ安く買い，セルサイドはできるだけ高く売る」という善管注意義務を順守し，公正価格範囲内で交渉決着することが，バイセル両サイドに利点をもたらします。もし交渉優位者が交渉劣後者に対して一方的な優位的条件での交渉妥結にこだわる場合，win-lose の状況になります。それは自らの利益を損なう結果となるため，第三の利害関係者の利益も加味された win-win-win の最適交渉解に収束することが合理的です。

③ 交渉人のバリュエーション技量

価格交渉では，交渉劣後にならないための最低限のバリュエーション戦術が交渉人に問われます。バリュエーション対決の優劣を決める基本は「FCF の構築能力」です。あらゆる価値は FCF の総体で定量化されます。しかし，価値計算の基本となる FCF 生成式には，さまざまな調整因子があるため，自在にそれらを駆使し FCF の解釈を構築できる能力が求められます。

M&A 交渉ゲームにおける交渉戦術の優位性は，交渉串の転調と交渉カードの多様さで決定されます。交渉に不利になった時の新たな交渉軸への転調戦略と交渉カードの駆使にて，一物多価を優位的に一物一価に導きます。

バリュエーション対決で優位に立つためには，財務会計，コーポレートファイナンス，M&A 関連法務知識，税務知識の専門知識はもとより，交渉テーブルにおいて，定量的な数値，定性的な論拠にて交渉を主導できるディベート力が要求されます。同時に，交渉相手の技量と戦術を見極め，臨機応変な対応力があることが，交渉人には求められます。

M&A 交渉力の優劣を決定付けるこれらの 3 つの因子の技量を高めることが M&A 交渉ゲームです。訓練するのは交渉ストーリー構成力，戦略構築力，構想展開力です。

2．相対の交渉力学

2－1．交渉力学発生のメカニズム

バイセル間の相対力学には，会社対会社の関係が影響します。会社の信用力

や社会的地位の観点から，交渉妥協点は影響を受けます。たとえば，財閥企業による新興企業の買収ディールは，企業間の力関係によって類型が決定されます。また，債務超過直前の会社に対する救済的買収の類型も決定されます。会社と会社の相対関係，ディールそのものの固有性質によって，交渉妥協点は6類型に分類できます。

2-2．相対交渉力学の6類型

バイサイドとセルサイドの相対交渉力学は縦軸を会社対会社の関係，横軸をディール固有の性質によって，類型化することができます。協力ゲーム or 非協力ゲームの判断基準として定めます。

縦軸：会社対会社の相対力学（会社と会社の関係に依存する力学）
横軸：ディール固有の性質（ディール性質に依存する力学）

		ディール性質	
		win-winディール（譲歩すべきサイドが客観的合理性のある譲歩をするケース）	win-loseディール（譲歩すべきサイドが譲歩せず，主観に基づいて攻め手になるケース）
会社対会社の力学	①均衡型	類型1：交渉難度1〜3 ● 落としどころは双方の主張から大きく離れない ● 第三者的視点からの公正価値が適用されやすい	類型2：交渉難度2〜3 ● 穏やかなバリュエーション対決型 ● 相手論拠の矛盾を諭す交渉 ● 交渉人の力量によって，交渉妥結点が大きく異なる可能性あり
	②一方的強者 or 弱者型	類型3：交渉難度3〜5 ● 攻め手は攻め，守り手は守る交渉 ● 攻防それぞれ自陣サイド有利な視点での公正価値を主張 ● 交渉優位者の交渉戦略によって，交渉妥結点は左右される	類型4：交渉難度4〜5 ● 激しいバリュエーション対決 ● 強い立場の攻め手が弱い立場の守り手に対して非合理な主張をするため，極めて不利な価格にて決着する場合あり。守り手には高い交渉能力が必要 ● 交渉妥結点は，交渉人の力量によって，大きく異なる可能性あり
	③流動型	類型5：交渉難度4〜5 ● 攻め手は攻め，守り手は守る交渉 ● 出口戦略の合意が交渉の主眼になるため，バリュエーションが及ばない交渉領域 ● 会社対会社の政治力による解決策が求められる交渉領域	類型6：交渉難度5 ● バリュエーションが及ばない交渉 ● 双方による主観的な主張のため，会社対会社の政治力による解決策が求められる交渉領域。デッドロックになる可能性あり ● 建設的な合意形成のためには，交渉のフレームワークづくりが求められる

2−3．縦軸の解説：会社対会社の相対力学

相対関係は，社会的信用力などの外的要因によって3分類されます。

① 均衡型

合弁同士が合弁継続を前提に，支配力の交渉を行うケースがあります。交渉が会社関係に悪い影響を与えると新しい資本関係でのビジネス運営に支障が出ますので，一方的な勝ちや負けを避けることが合理的です。公正価格範囲内で交渉妥結することが前提のため，バリュエーション対決には発展しません。

② 一方的強者型 or 一方的弱者型

バイヤー候補が複数いるオークション型ディールや，救済的ディールのケースなどです。優位サイドは強気であるため，劣後サイドはバリュエーション対決において十分な抗弁ができないと，一方的な交渉展開になります。交渉妥結に向けた注意点として，過大なのれんが公正価格範囲内にて担保されるロジックが展開され，のれんの公正性は交渉上説明されるものの，会計上バイサイドが過剰のれんと判断されるリスクがあります。救済型ディールでは，有利子負債に対して債務超過でないかが交渉論点とされるため，欠損金予測と実態純資産の精査によって，支配力が移転する前に繰越損失が処理されることが予見されます。

③ 流動型

一方が完全撤退や売却などの意思決定をしたときには，交渉力学はバイセル双方にも有利にすすめることができる状態となります。交渉戦略によって大きく，売買価格は左右されます。交渉人の力量が最も問われる類型です。

2−4．横軸の解説：ディール固有の性質

ディール固有の性質は，バイサイドとセルサイドそれぞれの交渉スタンスが win-win 型もしくは win-lose 型か，に関係します。

① win-win ディール

バイサイド，セルサイドが協力的ゲームを行うディールです。長い取引関係を持つ会社を救済する案件の場合，セルサイドの雇用の確保，経営権への一定の関与継続などをバイサイドが考慮することが合理的であり，価格についても

時価評価後の純資産価値での売買が客観的合理性を持ちます。譲歩すべきサイドが客観的合理性のある譲歩をする交渉です。ただし，クロスボーダーディールの場合，日本人の客観的合理性が海外では認識されないことが多いので，交渉人がグローバル視点での客観的合理性を持った世界観を持つことが重要です。

② win-lose ディール

バイサイド，セルサイドが互いに自陣の主張を強硬に行い，バリュエーション対決になります。本来，譲歩すべきサイドが譲歩せず，逆説的な主観に基づいて反証します。そのため，バリュエーション対決用の定量的，定性的な論理構成が必要です。

バリュエーション対決は，win-lose ディールで発生します。win-lose ディールでは，定量的反証を交渉相手に求めることによって，自陣有利の交渉土俵に上げることが，M&A 交渉人の技量に依存します。A 社グループは，多角化路線から選択と集中に方針転換させ，ノンコア事業会社 B 社を売却するとしましょう。B 社が営業黒字であり，事業，財務状況とも良好である場合，A 社は未来価値（DCF 法）をベースとした交渉を前提とするのが合理的です。

しかし，ノンコア B 社が営業赤字の場合は，赤字事業を売却したいという A 社が不利です。A 社は実態純資産ベースでの交渉を余儀なくされます。売却が前提となるため，低廉譲渡も視野に入ってきます。したがって，技術，生産，販売など強みがあるシナジーバイヤーの選定が重要です。再生可能であるシナジーバイヤーであれば，再生請負先として将来価値ベースでの価格交渉が可能です。

2 - 5．第三の利害関係者

交渉サポートや資金提供者として参加する第三の利害関係者は，バイサイドとセルサイドの相対型交渉に第三の利害関係者の利益軸にてゲーム的状況を発生させます。協力，非協力の複数人の交渉において，M&A 交渉の基本ルールに則り，合理的な win-win 型の交渉解（ナッシュ均衡）に導く技量，すなわち，交渉人の技量の優劣によって win-lose 型の交渉解になってしまうことを回避する技量が，交渉人には求められます。

第三の利害関係者が必須である理由

　M&A 交渉では，鑑定人によるバリュエーションや弁護士による M&A 関連法令準拠の契約書など一連の作業には高い専門性が求められます。上場企業であれば，少数株主利益の保護は，会社法・金融証券取引法や東京証券取引所規則に定められています。そのために，バリュエーションやデューディリジェンスなど専門家による公正意見にて担保することが必要です。これらの株主説明責任を果たすために，第三者たる専門家の関与が必須となります。

専門家を使用する際に注意すること

　上場企業に関係する案件の場合，公正価格取引を担保するためにバイサイド，セルサイドそれぞれが価値鑑定人に依頼します。バイサイドの鑑定人ならバイサイドの意向を，セルサイドの鑑定人ならセルサイドの意向を聞くのが現実です。鑑定人の立場は中立であるべきですが，デューディリジェンスの焦点について自陣がどの資産を注視しており，優先して精査したいかを伝えることは戦略的な意向であり，積極的に働きかけることは合理的です。

　鑑定人に対して，自らの合理的な交渉戦略を示し，その蓋然性としてのデューディリジェンスの意義を示せば，鑑定人はクライアントの意向を尊重し精査します。むしろ，何も意向を示さないクライアントは，戦略的意向を有していないと認識されてしまいますので注意が必要です。

2－6．第三の利害関係者の利益軸

　バイサイド，セルサイドが目指すべき方向と，第三者の利益軸の方向が異なり，ゲーム的状況にあることは，価格軸と経営権軸の2次元マトリックスで表現できます。

▶ 図：バイサイドとセルサイドの交渉2次元マトリックス

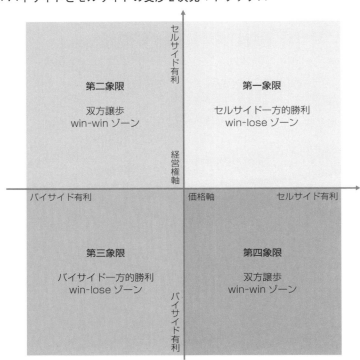

▶ バイサイドが目指すべき方向と「第三者の利益軸」

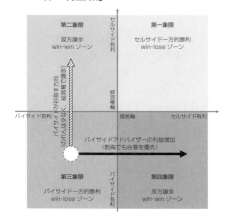

▶ セルサイドが目指すべき方向と「第三者の利益軸」

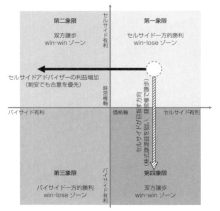

第三の利害関係者の利益配分の不均衡がゲーム的状況を生む

バイセルによる相対交渉に第三の利害関係者の利益配分が影響します。ゲーム的状況が発生する理由は、バイセルそれぞれについた第三の利害関係者に配分される利益が不均衡であるためです。セルサイドのアドバイザーはディールが成功すれば必ず成功報酬を得ます。バイサイドのアドバイザーは、自身のクライアントがディールに成功しなければ、報酬を得ることができません。この配分利益の不均衡が、第三者の利害関係者に有利なサイドに導いてしまうことがあります。

交渉力学を複雑にするのは、第三の利害関係者の利益配分によって心理的葛藤が発生し、ゲーム的状況を生み出すからです。第三の利害関係者は必ずしもクライアントの利益の最大化を目指すのではないことを理解し、事業法人が適度な関係を保ちながらガバメントしないとバランス均衡が崩れるという認識が必要です。

役務サポーターと資金サポーターのガバナンス上の注意点

社外交渉における第三の利害関係者とは、投資銀行、証券会社、コンサルティングファーム、弁護士などです。2種類のサポーターに分類できます。

> ① アドバイスやオペレーション実務などの役務サポーター
> ② 負債もしくは資本での投資家としての資金サポーター

① 役務サポーターの役務対価と成功報酬

役務サポーターはバリュエーションやディールアドバイザーなどを担当し、役務対価としてのリテイナーフィーと成約価格に比例した成功料を得ます。成功報酬体系はゲーム的状況を生じさせます。役務サポーターは、ディールの成功に力点を置きます。

② 資金サポーターの役務対価とキャピタルゲイン

銀行などの負債投資家は役務対価としての金利を得ます。投資銀行やファンドなどは資本性資金として、優先株式や普通株式を取得し、配当収益とキャピタルゲインを目論見ます。出資率、配当性向、取締役派遣に関して、出資者の

間で，経営権獲得において優位的立場をとるため，ゲーム的状況が発生します。

3．複数人のゲーム的状況

3-1．M&A交渉とゲーム理論の親和性が高い理由

　ゲーム理論は意思決定における組織の利益追求と，相互作用を及ぼし合う複数または単独の主体の葛藤行動がもたらす意思決定理論です。M&Aも複数の利害関係者が交渉に参加し，交渉参加者の思惑によって，多様な交渉論点が出現し，次々に交渉軸が変化しながら，交渉妥結点を模索します。

M&A交渉戦略とゲーム理論が親和性を持つ理由
① 価格交渉対象が一物多価の評価資産であること
② 複数人による一物多価から一物一価への合意形成であること
③ 複数人の非協力行動と協力行動があること
④ 第三者自身の利益犠牲と自陣の利益最大化が葛藤行動であること
⑤ 公正価格範囲内での交渉妥結にコンセンサスがあること
⑥ 交渉人のバリュエーション技量のギャップが存在すること
⑦ 交渉能力の優劣が発生すること

3-2．複数の交渉参加者によるゲーム的状況

M&A交渉ゲームは，複数人による協力型＋非協力型のハイブリッドゲーム

　バイサイド，セルサイドの当事者が独自に意思決定を行うならば，ゲーム理論における非協力ゲームです。当事者間の話し合いを許し，共同行動を考慮するなら協力ゲームです。M&A交渉では，第三の利害関係者の利得によって協力ゲームと非協力ゲームの両面を持つので，複数人の協力，非協力のハイブリッドゲームです。M&A交渉ゲームでは，プレイヤーが協力的もしくは非協力的スタンスに変化しながら，合理的な均衡解に導きます。

ハイブリッドゲームのナッシュ均衡の意義

　ハイブリッドゲームでは、各プレイヤーの行動が相互の利害に影響することを考慮し、交渉参加者はある行動を選択する前に、交渉相手が敵対的な行動に出る可能性を考慮しなくてはなりません。戦略的な状況下にある複数のプレイヤーの最適解を求めることはゲーム理論のナッシュ均衡にて説明が可能です。

　ナッシュ均衡は無数に存在する2者間戦略の組み合わせから双方にとっての最適解の組み合わせを定量的に論証する方法です。交渉優位者による利益追求ではなく、劣後者にとってもその組み合わせを選択しうる状況、すなわち協力＋非協力のハイブリッドゲームの結果、両者にとって合理的な極大利益を示している点も重要です。ナッシュ交渉解は、最適組み合わせ戦略の選択によって、最適交渉解を公正価格範囲で表現することが可能です。

　ナッシュ均衡の意義は、合理的プレイヤーと公正価値範囲内の合意という前提があれば、少なくともひとつの均衡点があることを示しています。ひとりでも非合理的プレイヤーが存在すれば複数の均衡点が発生し、経常的な均衡点状態が存在しないことを示すものです。

　実際のM&A交渉では、第三の利害関係者の協力性、非協力性によって妥協点は大きく異なります。もし、第三の利害関係者の存在がなければ、あるいは、彼らが自らの利益を追求しない純粋な役務サポーターであり、自身の利益と全く無関係にクライアントである交渉当事者に対して役務を提供するのであれば、相対交渉力学で類型図だけによって、ナッシュ均衡が容易に形成されるでしょう。

リアルオプションによるナッシュ均衡解のシミュレーション

　ナッシュ均衡を実務的に求めるにはリアルオプション的なアプローチが必要です。自陣が非協力的交渉スタンスの場合と協力的交渉スタンスの場合、相手陣営が非協力交渉スタンスの場合と協力的交渉スタンスの場合の場合分けを行い、発生確率変数を乱数的に発生させて均衡点を導くことをリアルオプション的アプローチといいます。相対交渉力学での分類別の定石セオリーを基本とし、そこから逸脱していなければ協力的交渉とします。

　もし交渉相手が非協力交渉戦略スタンスであれば、すかさず自身も非協力戦

略に掌を返す戦略を「しっぺ返し作戦」と呼びます。これを繰り返すと協力的交渉に収束することがわかります。明確な変数にて定量的算定式を定義できないときに，この場合分けとその発生確率を何万通りもシミュレーションすることにより導かれた理論的な交渉最適解は，説明責任を果たす手法として有効です。ゲーム的状況におけるリアルオプションアプローチが有効な理由です。

ナッシュ交渉解は，しっぺ返し作戦の連続上の均衡点

　交渉相手が非協力的な戦略をとってくる最も多いケースは定石を知らないことです。相対交渉で類型化された分類ごとの交渉妥協ゾーンを知らないために，必要以上の要求をしてきます。この場合，交渉相手の非協力的スタンスは，法律上の善意と解釈されますが，相手の真意を探るためにも，機械的に非協力戦略には非協力戦略で対抗し，交渉相手が協力戦略をとってきたら協力戦略をとることが，もっともよい交渉解（ナッシュ均衡解）となります。

　定石を知ったうえで，非協力的交渉を仕掛けてくるケースは，非協力スタンスにて応戦します。お互いにその非効率を分かり合えば協力交渉に転換し，ナッシュ均衡解に収束します。

　協力的交渉をしながら，もし相手が非協力的な交渉姿勢を見せたらすぐに反撃にでるしっぺ返し戦略を用いましょう。ナッシュ均衡解はしっぺ返し戦略上の均衡点を意味します。

3－3．M&A 価格交渉のルール

　バイサイドは，「公正価格範囲内で，できるだけ安く買う」，セルサイドは，「公正価格範囲内で，できるだけ高く売る」という，2者間の交渉ルールがあります。

▶ M&A 交渉にて勝ちすぎる（＝win-lose）リスク

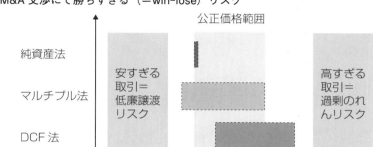

交渉に勝ちすぎるリスク

相対交渉力学の6類型の縦軸に示したとおり，交渉力学の縦軸は会社対会社の相対関係です。一方的に交渉力が強い場合，公正価格範囲を逸脱して，自陣に有利な価格で決着すると，交渉に勝ちすぎるリスクに直面します。

M&A交渉において，一方的な勝者と敗者の状況（win-loseの関係）は，双方にリスクを発生させるため，win-winの関係が必要になります。公正価格範囲を逸脱した売買取引は，バイサイド，セルサイドそれぞれに会計処理の合理性に対する疑義を発生させます。

1 **低廉譲渡リスク**：バイサイドが，公正価格を逸脱して安い価格で売買取引した場合，双方の会計処理上，低廉譲渡取引のリスクが発生します。寄付金扱いされてしまうリスクです。
2 **過剰のれんリスク**：セルサイドが，公正逸脱して高い価格で売買取引した場合，双方の会計処理上，過剰のれんが発生します。のれんは，各国の会計基準によって，償却資産もしくは非償却資産に分かれます。会計基準の違いによりFCFが大きく異なり，DCF法に対する影響も発生します。
3 **移転価格リスク**：クロスボーダー取引は，過剰な利益移転が問題となります。支配力のクロスボーダー移転は，税制非適格となり簿価を時価評価する必要があります。キャピタルゲイン源泉税，移転価格対策税制，アームスレングスルールに基づき不当な利益移転として税務否認を受け，二重課税を受けるリスクが発生します。
4 **優越的地位の乱用リスク**：バイセル間の関係が，下請法などに抵触する法的

リスクです。交渉過程における優越的地位乱用疑義を担保するためには，さらに第四の利害関係者としての弁護士や会計監査人による担保が必要となります。
5　**株主代表訴訟リスク**：上場企業は，株主説明責任のため第三者の価値評価人から，公正価格意見（フェアネスオピニオン）を取得することにより，公正価格範囲内の取引であることを担保します。

4．交渉人のバリュエーション技量

4－1．バリュエーション：一物多価を一物一価に定める評価技術

バリュエーション技術は，無形や有形の資産に対して，定量的な価値算定することを可能にしました。一方，FCF 生成式の解釈によって鑑定人ごとに異なる評価結果をもたらします。原因は，「会計 vs 税務」，「国際税務 vs 国内会計基準」などの相対する基準の間にある調整項目です。その結果，価格交渉における「より高く」と「より安く」のゲーム均衡解が形成されます。このような FCF 均衡点が，一物多価が一物一価となる交渉妥結点になります。

▶ コミッテッドバリューの形成

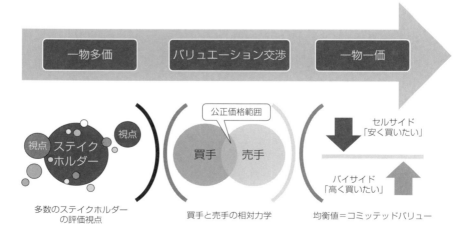

資産の多くは，一物一価ではなく一物多価です。価格交渉によって，はじめてコミッテッドバリュー（Committed Value）として，会計上の帳簿に記載されます。

公正価格範囲をセルサイド，バイサイド双方が算定し，その範囲内において，双方合意のもと，一物一価の価格を定めます。公正価格範囲の論拠を一度構築すると否認するには相当の理由が必要です。企業価値には，多くの視点が含まれます。定性的なもの（人財，労政，組織など），定量的なもの（企業価値，株式価値，事業価値，知的財産価値など）があります。バリュエーションは，価格が定められていないものに論理的な定量的評価を与えるツールです。

4-2．M&A交渉における華：バリュエーション対決

交渉人のバリュエーション技量の重要性

実際の交渉現場では，交渉が暗礁に乗り上げたときに，バリュエーション対決に発展します。その焦点は，相手の提示価格と，その裏付けである事業計画の論破です。定量的な数値を用いることによって，交渉相手の反証を可能にさせない論理構成を構築した方が交渉に勝利します。バリュエーション対決の勝敗は，経営権交渉にも影響しますので，M&Aディールの全体方向が決定されます。

交渉最前線での交渉人の技量の重要性

交渉均衡が成立する条件には，バイサイドとセルサイドの交渉当事者の交渉技量の素養が十分であり，合理的な判断が下せるという前提があります。もし，担当者の交渉技量に決定的な力の差が明確にある場合，その交渉妥協ゾーンを逸脱して一方に極めて有利，一方に極めて不利な非合理的な妥結点にて交渉決着してしまう可能性があります。

価格交渉は相対交渉であるため，交渉力学の認識によって，相手に対して，どのようなスタンスで交渉し，どの時点で妥協するのがよいのか，おおよその見識を持つ必要があります。

4-3. M&A 交渉はディベート

　M&A 交渉の現場はディベートの様相を呈します。ディベートとは，交渉相手を主張にて論破することです。たとえ，交渉相手が示すバリュエーションロジックが，実際のコーポレートファイナンスや会計理論の見地から疑わしい理論であったとしても，自陣が会計知識や税務知識にて十分に反証する技術や知識を持たないならば，交渉相手に妥協せざるを得なくなります。

ディベートは，反証論拠の積み重ね

　ディベートは会計や税務に関する事象について，真実や真理の追究や論証ではありません。「正しいことを論証すること」と「反証理由を論証すること」とは異なります。相手の論証に対して，反証できる論拠ができる知識が尽きたときに，交渉が決まります。反証ができない側は，「その値段は安すぎるはずだ（もしくは，高すぎるはずだ）。しかし，反論できないのでしょうがない。」と妥結します。これが M&A 価格交渉ゲームにおいて，win-win ディールのはずが，win-lose ディールになってしまう瞬間です。

交渉戦術：交渉軸のすり替え

　ディベートでは，戦術のひとつとして論点のすり替えが行われます。交渉途中で，自陣に不利になったときに，交渉軸を変更させる論理のすり替えを行います。交渉軸を転調しながら，自陣に有利な交渉軸に移動します。交渉論点をすり替える交渉軸と交渉カードのアイディアを持つことが重要です。

　大きな交渉軸として2つあります。「会計 vs 税務」と「国際会計基準 vs 国内会計基準」の交渉軸です。価格交渉において，BS 科目の正味価値が交渉焦点になったとします。そのとき，「会計 vs 税務」の交渉軸を用いて，会計上は BS 計上が認められているものの，税務上，損金や益金として認識できない科目を交渉カードとします。交渉が不利になった場合は，「国際会計基準 vs 国内会計基準」の交渉軸に転調し，国際会計基準と国内会計基準で認識が異なる交渉カードとして使用します。

　その他の交渉軸として，「評価対象を何にするのか」や「評価方法にどのよ

うな手法を用いるのか」などがあります。対象評価と評価方法は，事業価値，株式価値，企業価値のいずれかをベースに交渉を行うかが焦点になります。そのためにも，事業価値，企業価値，株式価値，負債価値の意味するものの正確な相互理解が重要です。

正論と虚論が交錯するディベート実戦場

バリュエーションスキルは，定量的理論によってさまざまな視点から価値算定を行うための道具です。たとえば，バリュエーションスキルには，統計的な指標が多く現れます。もし，その統計的な指標がどのようなサンプルで算定されるのか，を交渉相手は知らないとわかったら，どのような交渉戦略が有効でしょうか？　自陣に有利な統計的データが取れるようなサンプリングを行い，情報取得にて優位に立つことが合理的です。

EBITDAを疑似FCFとして用いる意味

「事業価値は，EBITDAの5倍から7倍が妥当だろう」

事業価値をDCFで評価する場合，将来価値をDCF法にて算定します。その時，「事業価値＝将来FCFの総体」と表象されます。M&Aの初期的検討段階では，擬似的なFCFとしてEBITDAを用いて，EBITDA倍率にて価値評価することがあります。

EBITDAとは，税引前減価償却戻入れの営業利益です。なぜ，EBITDAを疑似FCFとする必要があるのでしょうか？　実効税率が異なる国にある企業同士の価値比較を行うためには，比較対象が同じである必要があるため，税引き前のEBITDAを擬似的FCFとして用います。

しかし，もし，自陣がバイサイドだったらEBITDA倍率を用いることは，果たしてメリットでしょうか，デメリットでしょうか？　バイサイドは「公正価格範囲の中で，できるだけ安く買う」のが原則です。EBITDAを疑似FCFとすると，税金価値を含んだ疑似FCFにてバリュエーションするため，価格がインフレしてしまいます。バイサイドには不利な評価手法といえます。

バイサイドとしては，「公租公課の支払は企業の義務。国に帰属する価値である。それが控除されないままでのEBITDA倍率による評価は理論的ではな

い。なぜ税金価値を含んだEBITDA倍率を用いるのか逆に教えてほしい」というのが一般的なセルサイドに対する反論ロジックになるでしょう。上述のような反証をせずに，それが一般的なやり方として，容認してしまう企業が多いのも現実です。当然のごとく税金価値をマイナスしたFCFを用いる交渉相手には，バリュエーションは有効な論証道具に早変わりします。立場によって使用する指標の戦術的使用法が全く異なることを示す事例です。

交渉用バリュエーション戦略を実戦用に用意

　バリュエーションによる公正価格範囲は，交渉用のものと説明責任用のものがあります。交渉用のバリュエーション戦略を実戦用に用意しましょう。説明責任用のものは，交渉妥結後でも間に合います。

交渉軸は無限に生み出せるが，それも交渉担当の能力次第

　ディベートにおいて論点のすり替えのアイディアをできるだけ持つことが，交渉を優位に進めるポイントです。M&A交渉ゲームでは，交渉軸の転調という戦術を用います。新しい交渉軸において，無限の交渉論点を創造できます。

交渉人養成ポイント 9

- ✓ バイサイドとセルサイドの「相対交渉力学6分類」にて，協力or非協力ゲームの判断を行い，ディールの交渉妥結点を予見する。
- ✓ 複数人のゲーム的状況を理解し，第三の利益軸をけん制し，自陣に有利な交渉戦略を構築する概念群と知識群を持つ。
- ✓ FCF生成式の概念を理解し，FCFの構築能力で優位に立つ。バリュエーション対決を制するために，FCF生成の調整因子の操り方を習得する。
- ✓ 交渉はディベートであり，交渉実戦用と説明責任用バリュエーションは異なることを理解する。
- ✓ 交渉軸の転調によって，交渉軸を無限に生み出し，交渉を主導する。それは交渉人の能力次第で創造できることを認識する。

交渉エピソード① バリュエーション対決の結末

　筆者が欧州クロスボーダー買収案件を担当したときのこと。アムステルダムにて買収対象会社の親会社経営陣と，バリュエーション対決の本番を迎えました。

　驚いたことに現れた交渉相手は，二人のフランス女性マネージャーでした。まるで女優さんのような優雅な着こなしとオーラ。加えて，アドバイザーとして屈強なバンカーが二人。それに対して，こちらは典型的な日本人の筆者と邦銀アドバイザーによる純和風チームで臨みました。

　見た目では，到底勝ち目はありません。屈強バンカーは余裕綽綽な雰囲気。しかし，そこに交渉相手の気の緩みが生じました。理論武装を行っていないことにすぐに気づいたのです。

　欧州では「キャッシュアンドデットフリー」と言われる企業価値ベースで交渉することがあります。この場合，事業価値と余剰キャッシュを加えたものが評価対象となります。セルサイドの交渉相手は，事業価値ではDCF法，余剰キャッシュは「全ての現金」を主張してくることが予測されました。案の定，DCFで計算された事業価値に，キャッシュ全額を加えた価格を提示してきました。筆者は，セオリー通り，デューディリジェンスで発見した実態BS，P/L瑕疵項目から，トップリスト項目を順番に指摘していきました。ここまでは，「BSの実態性vs虚実性」という交渉軸において，相手の思い通りの展開にあえてさせ，油断を誘いました。そして，現金のうち余剰キャッシュはどれだけかのステージに入った途端，一気に交渉軸の転調戦略に転じました。

　彼らが主張した現金は余剰キャッシュではなく運転資金の一部であると主張し，過去10年分のデータから論拠を示したのです。現金が運転資金ならばDCF法の計算に含まれているので，二重評価であることになります。運転資金ポジションの10年分の時系列データは，じわりじわりと相手が反

論ができない状況に追い込んで行きました。

「すべての現金は余剰キャッシュではない。運転資金が含まれている。」

「すべての現金を加算するのが常識だ！」

理論的な反論材料がないので，アドバイザーの屈強バンカーは，あせりの色が見え始めました。

そこで，3月決算の直前であることを逆手に取り，奥の手を打ったのです。

「のれんがつくことになると日本本社で決裁をとるにも2か月かかる。そうすると期越えをしてしまうので，現在の現金すべてを3月期末で特別配当することを提案したい。」

屈強バンカーの血相が変わりました。なぜなら，特別配当してしまうと，運転資金が回らず，期末時点で資金ショートしてしまう危険性があるからです。DCFの算定根拠を示してしまったあとでは，いまさら余剰キャッシュを営業資産に繰り入れることもできようもありません。

勝負と感じた瞬間，ゆっくりと述べました。

「私は，日本本社のトレジャラーとして，過剰なのれんを承諾することはできない。なぜならば，この会社はとても大切だからだ。」（海外でトレジャラーとは，財務戦略家兼金庫番という，尊敬されるポジションです）

屈強バンカーは，書類を机にたたきつけました。しかし，フランス女性二人はなんと，私に微笑んでくれたのです。このひ弱な日本人が奮闘してきて，最後に言った言葉，「この会社はとても大切だから」。そんな簡単な言葉が，彼女たちの心に響いた瞬間でした。

彼らは最後のブレイクタイムを要求したのち，こちらの提示金額でよいことを告げてきたのです。バリュエーション対決に勝利した瞬間でした。

交渉の現場では，バリュエーションスキルも大切ですが，やはり人間対人間として正々堂々と戦った後の気持ちが通じ合う瞬間，それが交渉妥協点が決定されるときと感じたディールでした。

第2章

M&A 社外交渉ゲームの戦術

1．M&A 社外交渉ゲームの定量化手法

3つの定量化ツール

　M&A 社外交渉の特徴は，交渉参加者間で用いる共通の定量的ツールのコンセンサスがあることです。戦略的 FCF，戦略的バリュエーション，戦略的デューディリジェンス（戦略的 DD）の3つの定量化ツールにてシミュレーションを行い，交渉ストーリー構成を構築します。

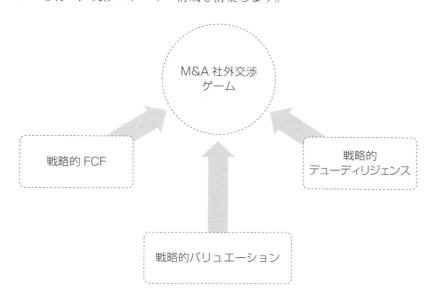

M&A 交渉ゲームにおける「戦略的」の意味

　M&A 交渉ゲームでは，あらかじめ設定した自陣のターゲット価格を論拠付けるために，公正価格を導くストーリーを構築します。

　戦略的交渉戦略の「戦略的」とは，FCF 生成式の調整項目を交渉ターゲットとして，FCF 生成式の解釈を自陣に有利な方向に導くことです。FCF 生成式の調整項目⇒戦略的バリュエーション⇒戦略的デューディリジェンス⇒FCF 生成式の調整項目ターゲットとして，自陣有利に交渉を導くストーリーを自ら構築することです。

　帰納的にステップごとのターゲットを鳥瞰することが，定量化ツールを操り，交渉相手の価格論拠に対して反証することを可能にします。

2．戦略的 FCF，戦略的デューディリジェンス，戦略的バリュエーションのつながり

　FCF 生成，デューディリジェンス，バリュエーションを単独ではなく，連続するストーリーを具現化させるための連続した PDCA サイクルとして考えます。

▶ M&A 社外交渉ゲームの PDCA サイクル

　M&A 社外交渉の現場では，交渉相手の交渉論拠を予測し，あらかじめ交渉カードを用意します。自陣に有利な（相手陣営に不利な）事柄を発見する準備

を整えておく必要があります。交渉実戦に入る前に，PDCAサイクルを何度もシミュレーションすることで，交渉実戦でのActionの戦略的思考が形成されます。

　バイサイドならば，「公正価格範囲内でできるだけ安く買う」が基本スタンスなので，バリュエーションの基礎となる事業計画を精査して，収益や資産の毀損リスクをもつ勘定科目を狙います。戦略的デューディリジェンスと戦略的バリュエーションを関連させ，ターゲットとする価値評価価格に合わせて帰納的にディールメイクするテクニックです。

交渉ストーリー構築の流れ：FCF生成式の調整項目のターゲッティング

　戦略的交渉ストーリーの初めのターゲットは，FCF生成式の調整項目です。

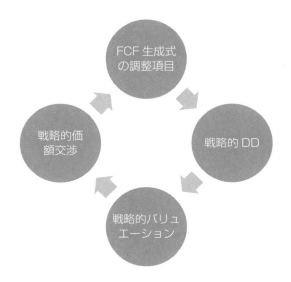

3．戦略的FCFの生成

将来価値の算定方法

　定量的手法の基礎となる概念は，フリーキャッシュフロー（FCF）です。未来的価値を評価するDCF法において，あらゆる資産は将来FCFの総体を現

在価値に割り引いて算出されます。

奥が深い FCF という概念：広義と狭義の概念

　経営戦略で用いられる FCF は概念として用いられます。バリュエーション対決では，FCF 算定式の方法に踏み込みます。相手陣営の FCF 算定方法に対する知識の深さに応じて，バリュエーション対決にて反証するために用いる調整因子を定めます。
　FCF の一般的な定義式は，

> 狭義の FCF＝営業利益－税金－設備投資＋減価償却±運転資金の増減

　本来の生業から稼いだ営業利益から，税金を義務として支払い，将来の営業利益の源泉として必要な設備投資額の今年度分を支払い，税務上の益金との差額を時間的平準化するために減価償却を足し戻し，現金として保有しておかなければならない運転資金の増減に見合う現金を加減する，ことを意味しています。

FCF 生成式の調整項目

　FCF 生成式に調整因子を付加することにより，解釈の余地が発生します。FCF 定義式の意義を知り自在に操ることが，M&A 交渉優位に導く大前提です。FCF 生成式に調整項目ターゲットを付加した広義の FCF を戦略的 FCF とします。

> 戦略的 FCF＝営業利益－税金－設備投資＋減価償却±運転資金の増減
> 　　　　　±調整項目

　戦略的 FCF 算出式は，2 つの重要な意義を持ちます。

　意義 1：均衡式であるということ。会計と税務間の規則の差異，国際基準の差異など多数の異なる評価基準を加味して生成された均衡解を示すもの

　対立する FCF 生成式の均衡点（ナッシュの均衡解）を示しています。対立する交渉軸の例：税務上の FCF vs 会計上の FCF，国際会計基準による FCF vs 日本会計基準による FCF，監査済み財務諸表ベースの FCF vs 実態性を反映した FCF などの交渉軸上の均衡解を意味します。

> **意義2**：状態定量式であるということ。ある一つの組織状態のFCFを定量化するもの

　任意の組織状態のFCFから，その組織の価値評価を定量化する式です。2つの異なる組織状態が生成するFCFの差分を比較することで，組織の差異が将来価値の差分を生み出す付加価値を定量化できます。事業価値，財務価値，オプション価値の個々の価値定量化が可能です。

4．戦略的デューディリジェンスのターゲットポイント

　企業は財務諸表を会計年度ごとに作成することを義務付けられています。BSやP/Lといった財務諸表に記載された数値は企業の帳簿簿価です。固定資産は一度帳簿簿価が決定されると，毎期の減損テストを受ける必要がありますが，実際に会計監査人が減損テストで将来キャッシュフロー計画を否認することは，余程の事態に陥らないと起こりません。会計監査人が減損会計に踏み込むときは，企業の永続的継続性（ゴーイングコンサーン）に重大な疑義が発生していることを示唆し，無視できないリスクがあることが示唆されます。

　実態性には，実態収益力，実態純資産，実態FCFがあります。デューディリジェンスを行う際に，監査済みの財務諸表に瑕疵がないのか実態性を問う必要があります。固定資産においても，減価償却があるものは毎期末の減損テストが必要ですが，減価償却がないもの（例：土地）は，支配力の移動がない限りは，取得簿価のままです。減損会計が適用される償却資産は，固定資産の減損会計（固定資産の減損にかかる会計基準），棚卸資産の評価に関する会計基準などによって，毎期の減損テストが義務付けられました。

とばしの事例：「子会社出資」の実態性

　海外子会社を持つ場合，親会社が出資を行っているケースがあります。頻繁に子会社出資が行われ，その子会社が営業赤字である場合は，注意が必要です。DIPファイナンスとして子会社の運転資金に回されている可能性があります。親会社保有分の子会社株式は価値を毀損している可能性がありますが，期末の会計監査によって支配力が及ぶ子会社株式の減損リスクに監査人が踏み込むこ

とは稀です。子会社株式の簿価評価は支配力が移動するまで強制的に洗い替えされず簿価のままですので，買収先へ支配力が移転した時に初めて，その毀損が現実となるリスクがあります。

戦略的デューディリジェンスでは，精査する優先順位を明示する

戦略的デューディリジェンスは，自らのPDCAサイクルの重要な一部として，「P/LやBSのどの科目の実態性を解明して欲しいか」を鑑定人に伝え，主体的に戦略的デューディリジェンスに意思を入れ込む必要があります。デューディリジェンス作業を業者に一任してしまい，精査レポートが出てくるのを待

	デューディリジェンスストーリー 実態収益力，実態純資産の解明	価格交渉ストーリー
焦点①	実態収益力 ➤トップラインの解明 ➤営業利益生成費目の解明	➤売上高，付加価値売上高の差異 ➤コストの賦課率ロジック
焦点②	実態純資産 ➤実態純資産の解明	➤BS科目の評価 （資産の過少性，負債の過大性）
焦点③	実態FCF ➤営業利益以下の調整因子の解明	➤実態収益力，実態純資産を反映した実態FCF
目的	焦点アイテムに力点を置いたデューディリジェンスレポートの作成	➤価格交渉戦略の立案 ➤交渉カードの多様化

つというスタンスでは、実態性解明は困難です。

戦略的デューディリジェンスを依頼する専門家と、その焦点について共有化することが重要です。戦略的デューディリジェンスを行うにあたって、「何を精査して欲しいか」を明確に伝えましょう。バイサイドは精査する側ですので、買収後に精査漏れに気が付いても手遅れです。精査の焦点を伝えない限り、業者は通り一遍な精査レポートを作成するに留まります。

戦略的デューディリジェンスで狙う３つのグレーゾーン

戦略的デューディリジェンスでは、グレーゾーンに存在する科目の実態性に踏み込みます。グレーゾーン科目について、その解釈を自陣に有利にする、あるいは相手陣営に不利にすることにより、FCFを増減もしくは加減させる戦略です。

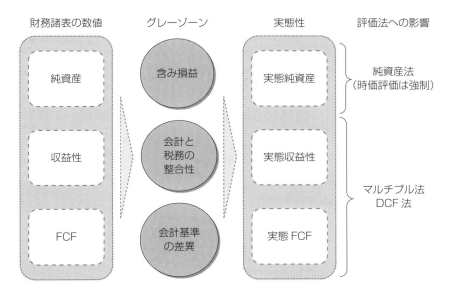

①　資産の時価評価と含み損益のグレーゾーン

M&Aでは支配力の移動に着目します。支配力が移動することを、税制非適格といいます。税制非適格では、売買対象物が時価評価になります（簿価時価ディール）。これに対して、支配力が移動しない場合は税制適格となり、売買

対象物を簿価のまま引き継ぐことができます（時価時価ディール）。

時価譲渡になる場合，財務諸表の価値が適正であるかについて，再評価する必要があります。資産の含み損益を清算する目的です。含み益や含み損を実現するかは，スキーム決定における重要な視点です。もし，時価取引ではなく，簿価取引を望む場合，税制適格のストラクチャリングが必要です。戦略的デューディリジェンスターゲットは，資産の時価評価と含み損益の確定になります。

ターゲット	交渉ポイント
資産の時価評価と含み損益のグレーゾーン	簿価時価ディールにおける実態性を担保する将来FCFの実現性

② 会計と税務の違いによるグレーゾーン

税務上の損金や益金への算入／不算入，評価法の適正性が焦点です。

▶ 日本会計基準＆税務基準と国際会計基準の違い

ターゲット	交渉ポイント
会計基準の差異のグレーゾーン	償却資産と非償却資産，のれんの適正性，研究開発費用，退職給付引当金の適正性の判断

③ デューディリジェンスターゲット：それ以外のグレーゾーン

監査済みの科目を否認するには相当の論拠性が必要になります。監査済みでない科目より有効です。

ターゲット	交渉ポイント
監査済みでない科目	余剰資金と運転資金見合の現金，アンレバードFCFでの比較，オフバランス資産の影響

5．戦略的バリュエーション

フットボールチャートとは？

バリュエーションの基本となる純資産法，マルチプル法，DCF法の価格範囲を可視化し，公正価格範囲を比較検討しやすくしたグラフをフットボールチャートと呼びます。

フットボールチャートの使われ方：交渉実戦用と説明責任用の使い分け

価格交渉用と説明責任用のフットボールチャートは，同じである必要はありません。大きく異なると，交渉相手との信頼関係を失ってしまう可能性がありますが，交渉実戦用フットボールチャートは自陣有利な戦略的主張をするための道具です。戦略的デューディリジェンスにて評価対象の価値に影響を及ぼす可能性のある科目を明確化し，自陣が意図している評価価格範囲に組み立てるためのツールです。

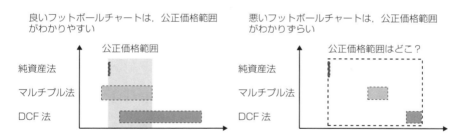

交渉実戦用フットボールチャートを読み取るポイント

第三者の視点からみたとき，公正価格範囲はどのように解釈できるか考えてみましょう。

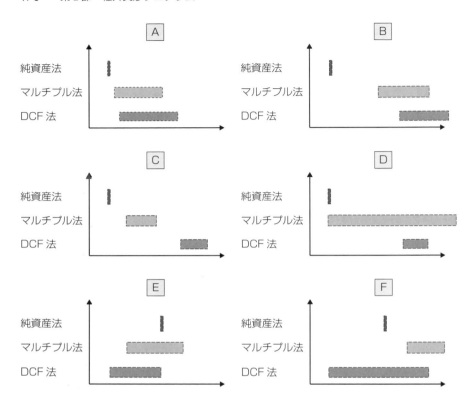

A：公正価値範囲は，DCF法とマルチプル法が重なり，さらに純資産も公正価格範囲に含めることが見て取れます。バイサイドが純資産近傍で価格合意形成を狙った典型的なフットボールチャートです。

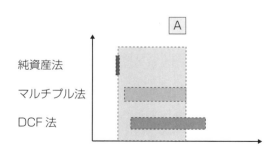

B：公正価値範囲は，DCF法とマルチプル法が重なった場所は，純資産からかなり離れています。セルサイドが将来価値に基づくDCF法にて価格合意形成を狙った典型的なフットボールチャートです。

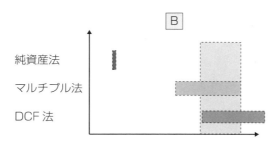

C：全く重ならないため，このフットボールチャートから明らかな公正価格範囲を主張するのは困難です。

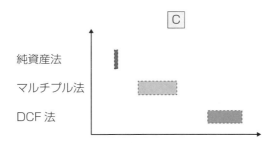

D：マルチプル法のレンジが広すぎる典型例です。マルチプル法のサンプリング数が多すぎる／少なすぎることが考えられるので，サンプリング対象会社の選定を戦略的に行うことが重要です。

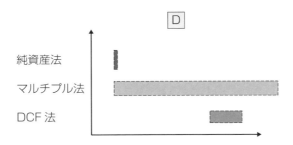

E：DCF法が純資産を下回っているので，公正価値範囲は純資産（＝清算価値）以下である可能性があります。このようなフットボールチャートは，再生案件に見られます。

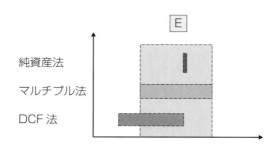

F：セルサイドは左側の範囲を，バイサイドは右側の範囲を公正価格範囲と主張できます。DCF法の範囲が広がりすぎているため，センシティビティアナリシスの数値設定を戦略的に行うことが重要です。

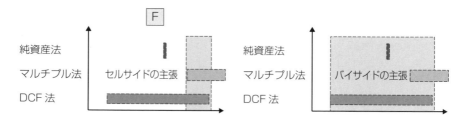

　第三者の視点から見て，公正価格範囲がわかりやすいことは，一物多価を一物一価に決定する際の前提になります。このように，フットボールチャートの設計において，最終的に「どのような公正価格範囲を第三者に示すのか」という明確な視点を持たないと的外れな価値算定となり，バリュエーションツールに，操られる状態に陥ります。

第2章 M&A 社外交渉ゲームの戦術

フットボールチャートを操る戦略的発想法

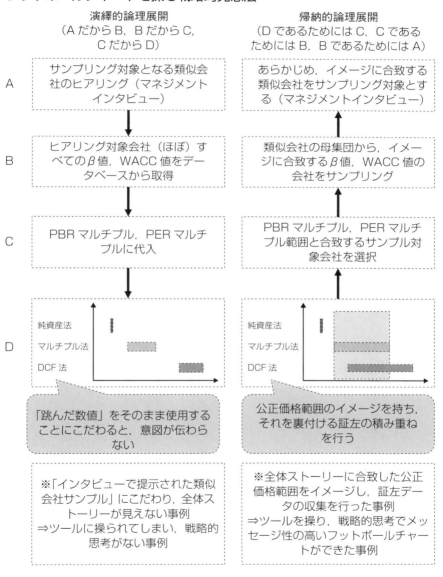

6．交渉串と交渉カード

　M&A 社外交渉ゲームを優位に導くには，より多くの交渉串と交渉カードをあらかじめ用意して交渉に臨みます。相手陣営より交渉優位に立つための交渉軸と交渉カードの実戦的アイディアが要求されます。M&A 交渉ゲームでは，自ら交渉軸を打ち込みながら，交渉軸の転調を行い，適切な交渉カードを用いて相手の論拠に反証する訓練を行います。

▶ **新たな交渉串を打ち込む⇒転調⇒交渉串の打ち込み⇒転調，の連続**

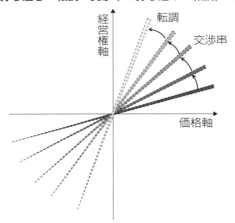

交渉のマクロとミクロの焦点：「何をどのようにいくらで買うのか」の分解

　「何をどのように」が買収対象とスキームの合意を目的としたマクロ視点での交渉であり，「いくらで買うのか」が勘定科目ターゲットに対するミクロ視点での交渉になります。マクロ視点の交渉では，それ自身が交渉軸になりますので，交渉軸を打ち込む必要性が生じます。新たに創出させる交渉軸を意図して交渉串と呼びます。

マクロ視点：交渉軸（＝交渉串）
ミクロ視点：解釈の余地のある勘定科目ターゲット（＝交渉カード）

交渉のマクロとミクロの焦点

	「何をどのように」	×	「いくらで買うか」
争点	マクロな手法の合意 ・買収対象の決定 ・スキームの決定		ミクロな手法の合意 ・評価法の決定 ⇒解釈の余地発生
交渉串 or 交渉カード	買収対象の決定 ・株式 vs 資産買収 ・負債価値の控除 ・時価会計		評価土俵の決定 ⇒解釈の余地発生
買収対象の決定 要因	買収対象により、スキームの選択肢ができます。与信構造体へのストラクチャリングを行います。		FCF生成式の調整項目 ⇒解釈の余地発生
スキームの決定 要因			収益力の実態性 資産の実態性 ⇒解釈の余地発生
組織再編税制の 税制非適格要件	簿価時価ディール 支配力の移動 金銭対価 ⇒含み損益の実現		簿価時価で異なる科目 ⇒解釈の余地発生
税務リスクと法 的リスク	・包括否認によるスキーム全体に対する税務当局による否認。追徴課税あり。 ・善管注意義務違反による株主代表訴訟のリスク		支配力移転資産の減損リスク ⇒解釈の余地発生

引当金,減価償却費,評価損,繰越欠損金,繰延税金資産が5大難解科目

　財務諸表を難解にする原因のひとつは,BSに一度資産計上されてから,P/L上で費用化される勘定科目です。時間的に平準化して繰り延べるという概念は,国際的に認知された概念ですが,会計基準の違いによって会計と税務間の整合性をとる範囲が異なります。

　繰延資産は,費用の発生時と効果期間の整合性を取るために用いられる勘定科目です。会計基準によって解釈の余地があるため,交渉カードになります。

　日本会計基準の特徴のひとつは,税効果会計です。繰延税金資産,繰延税金負債は,会計と税務の整合性をとるための勘定科目です。FCF生成式に税効果会計科目を含めることには諸見解があり,解釈の余地があるため交渉カードになります。

▶ 日米会計基準間の広義と狭義の繰延べ概念の違い

　国際会計基準で引当金や繰延資産は時間的平準化という広義の概念です。日本会計基準では会計と税務間の整合性という狭義の概念です。これらの科目を解釈の余地のある調整項目ターゲットにすると価格交渉の戦略性が高まります。

交渉串1：買収対象の決定

　M&A交渉の目的である「何をいくらで買うのか」の「何を」の部分です。交渉前提となる買収対象や評価対象があいまいなまま交渉が進むことを避けるためにも，交渉初期の段階で買収対象物，評価対象物を明確化させます。対象事業体が法人格を持たない場合，資産譲渡になります。取引対象とする資産を一つひとつ明確化し，支配力移転に伴う時価評価の必要性を吟味します。企業全体が取引対象となる場合は，株主という形で，会社の支配力の所有者が定まります。事業価値，企業価値，負債価値（他人資本），株式価値（自己資本）などの汎用的な用語も具体的に定義して誤解がないようにしましょう。

取引対象が株式である場合の注意点

　法人格を表象するものが株式の場合，株式による支配力が経営全体を包括するため，負債の契約主体をも引き継ぎます。したがって，支配力が変更されるときの，負債，権利などの契約条項を確認することが必要です。被買収会社の買掛債務や有利子負債をそのまま継承できるかなど，各々の債務契約（リース契約や金銭貸借消費契約等）ベースで新しい株主の責任を明確にします。

1）交渉カード1：負債価値の控除範囲

　支配力の移動に際して，負債債務が含めるかが焦点になります。バイサイドが支配力を得ると，自動的に負債債務も支配株主の補償義務が発生する契約になる負債契約が結ばれている可能性があります。Change of control 条項と呼ばれます。有利子負債は金銭貸借消費契約と呼ばれ，一般的にchange of control 条項がありますので，支配力移動に伴い新株主の債務となります。そのため，バイサイドは株式価格算定交渉において，有利子負債価値を別に認識する必要があります。有利子負債の引き継ぎは解釈の余地があるため，株式価値からの控除範囲は交渉カードです。

　リース債務や買掛債務などの所有権，対抗要件の具備状況，原契約の内容などにて交渉ターゲットを絞ります。戦略的デューディリジェンスにおいてリスクが高いと判断した負債に関しては買収対象外とすることや，買収対象とするならば残存簿価の適切性を主張できるため，解釈の余地がある交渉カードです。

交渉串2：評価手法の決定

　DCF法，純資産法，マルチプル法，市場株価法のどの評価手法を重視するかは，バリュエーション対決の優劣を決定する重要な交渉軸です。自陣に有利な土俵に相手を乗せるための戦術が必要です。

2）交渉カード2：評価の土俵（DCF法 vs 純資産法）

　バイサイドは公正価格範囲内でできるだけ安く買う，セルサイドはできるだけ高く売る，という原則から，バイサイドは純資産法を，セルサイドは

DCF法を志向するのが合理的です。相対力学6分類表が示すとおり，縦軸のバイセルの相対関係にてM&Aディールの類型は定まります。

しかし，実際の価格交渉においては，非合理的主張をする場合があります。初めから既定路線の評価法ではなく，それぞれ自陣に有利な評価法を用いた交渉を既成事実化させようするため，相手を自陣に有利な土俵に乗せてしまおうと画策します。

具体的には，バイサイドは純資産法の土俵に交渉相手を乗せる戦術をとり，セルサイドはDCF法の土俵に交渉相手を乗せる戦術をとります。もし，交渉相手が知識と経験不足から評価法という土俵軸を認識していないのなら，自陣に有利な評価手法を前提とすることで交渉を主導することが考えられるからです。交渉土台となる評価の土俵にも解釈の余地があり，交渉カードです。

3）交渉カード3：マルチプル法の土俵

マルチプル法は，補助的な評価法ですが，クロスボーダー案件において，セルサイドがEBITDA倍率を用いて，合意形成を図ろうとするケースがよく見受けられます。実効税率が異なる国の企業を比較するために疑似FCFとしてEBITDAを採用するというセルサイドの交渉カードです。

バイサイドとしては，税金価値を含んでいるEBITDA倍率は認めないものの，DCF法で多額ののれんを計上するのを避けるため，EBITDA倍率は解釈の余地がある交渉カードです。

交渉串3：収益力の実態性

日本では，本業の生業から生み出される営業利益が注目されます。同業他社比較を行う場合は，営業利益に対するマルチプルで比較します。国際会計基準では，包括利益が重要視されます。金融資産からの収益や費用も包括利益に含まれます。本業の生業からの営業利益は赤字でも，投資資産の売却や金融資産の運用益によって，包括利益を黒字にすることができます。このことは，包括利益で企業を横並びで評価すると本業の収益実態が見えなくなってしまうリスクがあります。日本会計基準と国際会計基準を比較し，自陣に有利な交渉戦略を立てることが可能です。会計では費用の発生に対して保守的に考えるため，

できるだけ早い費用の計上が推奨されます。また，将来の資産価値の毀損が予測される場合は，できるだけ早く価値の損失分を費用処理することが推奨されます。

4）交渉カード4：付加価値売上 vs 非付加価値売上

P/L の一番上にある売上高トップラインが，本来の収益力を示しているか吟味します。本社によって価格が決定される指定購買取引や連結相殺されていないグループ内取引など，売上高を過大に見せる手法です。付加価値売上もしくは非付加価値売上を分母として用いるかは，収益性の解釈の余地を発生させ，交渉カードになります。

B2B 型，B2C 型の非付加価値売上の構成要素

B2B 型，B2C 型のビジネスでは，さまざまな名目で，総売上高をかさ上げしている可能性があります。

B2C 型の実態性確認要綱	B2B 型の実態性確認要綱
売上戻り，売上割戻 支援費（ボーナス，特別割引，製品保証費） 販売奨励金 金融費用 ポイント引当	指定材料の購入費用 パススルー製品の購入費 グループ内企業間取引

戦略的デューディリジェンスで検証する PL の実態性：売上高の実態性

① 売上高の実態性

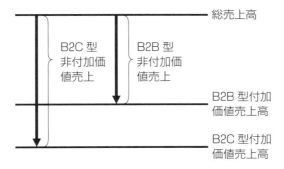

② 原価構造の実態性

5）交渉カード5：真の販売力 vs 真の収益力

売上の全体像を解明すると，「誰によって，どのような構造によって」支援されているかわかります。B2C型，B2B型に共通して「顧客への支出」と「親会社からの支援」が解明すべき内容です。商品販売高に応じたリベート，販売奨励金などは，顧客への支出であり真の販売力から控除されるべき交渉カードです。また，親会社からの支援取引も，真の収益力から控除されるべき交渉カードです。

販管費に含まれる販促用，金融費用，その他のオフバランス取引については，計上科目の戻りとして認識するべき交渉カードです。値下げとリベートに頼りすぎた販売は，原価構造を毀損させます。結果，行き過ぎた原価低減活動を余儀なくされ，商品の競争力を失わせる悪循環に陥ります。真の販売力，収益力の分析において，過剰在庫，不良在庫など資産ポジションを評価し，解釈の余地のある実態純資産の調整項目を発見しましょう。

6）交渉カード6：グループ内企業間取引価格

グループ間取引は，利益移転元国と利益移転先国との間で，行き過ぎた利益移転をしないため市場性取引＋アームスレングス内での価格設定がなされます。本社の支配力の実効下にある100％子会社には，本社が定める移転価

格マージンが採用されますが,現地有力企業との合弁企業など本社の実質的な支配力が及ばない子会社においては,同じグループ内企業取引でも,本社が設定した移転価格マージンから逸脱してしまうケースがあります。B2B型でのグループ内企業間取引価格は解釈の余地があり,交渉カードになります。

交渉串4：資産の実態性

支配力移動に伴い資産の時価評価が必要なため,資産の実態性に関する交渉軸になります。

7) 交渉カード7：資産の過少性,負債の過大性

資産科目,負債科目はデューディリジェンスによって過少性,過大性の解釈の余地がある交渉カードです。

資産サイドの解釈の余地
・現金の運転資金見合い(余剰現金のポジション) ・税効果会計資産の適切性 ・棚卸資産の滞留在庫見合いのリスク ・減価償却の時間的価値移転の適切性
負債サイドの解釈の余地
・買掛債務支払いの遅延 ・年金とその他利益 ・有利子負債の評価 ・負債性引当金の適切性

8) 交渉カード8：引当金の適切性

バイサイドは支配力の移転に伴う時価評価リスクを主張し,実態資産が毀損するリスクを主たる交渉軸とする戦術がとれます。セルサイドは自らの資産の簿価評価が適切であることを論証する必要性にせまられます。評価対象会社のBSに引当金があれば,その評価の適切性には解釈の余地があり,交渉カードになります。

引当金の評価が難解である理由：引当金の2つの意義

　将来発生することになる損失や費用（支出）に備えるため，あらかじめ当期の費用・損失とするもののうち，損失に備えるものを評価性引当金，費用（将来支出）に備えるものを負債性引当金といいます。

評価性引当金を計上する意味

　評価性引当金とは，将来の損失に備えるため（将来資産の価値が一部損失することが予想されるため），資産から控除される引当金です。具体的には，売掛金や貸付金などの金銭債権に対して，回収不能額を見積り，引当金を計上します。評価性引当金は，貸倒引当金などが相当します。評価性引当金は，貸借対照表の特定資産の価格から間接的に控除する形式で表示します。

負債性引当金を計上する意味

　負債性引当金は，将来の支出（将来発生すると予想される費用）に備えるための引当金です。将来の支出の原因が当期以前に発生しているという意味では負債としての性質があります。しかし，支出額が確定していないため，引当金として見積り，計上するものです。さらに法的債務である引当金と，法的債務ではない引当金の2種類に分類されます。負債性引当金は，貸借対照表の負債の部に計上されます。

法的債務である引当金	賞与引当金 製品保証等引当金 退職給付引当金
法的債務ではない引当金	修繕引当金 債務保証損失引当金 返品調整引当金 売上割戻引当金

引当金の税務

　引当金は，正しい期間損益計算のために会計上要求される費用の見積計上ですが，税法上ではその取り扱いが異なります。税法における費用は，償却費を除き，原則として，決算日までに債務が確定しているものに限られています（債務確定主義）。したがって，税法上は，原則として費用の見積計上

(引当金)は認められないことになります。ただし，次の2種類の引当金については，債務確定主義の例外として，損金の見積計上が認められています。
- ✓ 貸倒引当金（評価性引当金）
- ✓ 返品調整引当金（負債性引当金）

上記以外の引当金（たとえば，修繕引当金，賞与引当金，退職給付引当金，売上割戻引当金など）は，これを設定しても，税法上は損金として認められません（損金不算入）。

有税引当ての戦略的意義

法人税法上，繰り入れが認められている引当金は，貸倒引当金，返品調整引当金のみです。かつては，法人税法で損金算入が認められていた賞与引当金，退職給付引当金は損金算入が認められなくなりました。税法上の引当金には，一定の繰入限度額（損金算入限度額）が設けられており，これを超えるものについては，損金算入が認められないため，一般的には繰入限度額の範囲内で引当金の設定を行います。財務会計上においてそれ以上の費用算入することは可能ですが，税務上で否認を受けて，有税処理を余儀なくされる可能性があります。財務会計上，将来の損失をあらかじめ引き当てることは，保守的な見地から合理的と判断できます。しかし，税法上は，過度の引当金計上は，税務否認のリスクがあり，ある一定以上の評価性引当金に対しては，損金計上せず有税処理が求められます。有税引当てを行う意図は繰延税金資産計上へのチャレンジ，一括償却と戻り益へのチャレンジの2つです。

引当金の適切性，非適切性の反論ポイントまとめ

	価値交渉方針	命題	反論の論拠
バイサイド	より安く買う	有税引当金の非妥当性	有税引当金を計上した裏打ち資産の将来FCFの毀損可能性を示すもの
セルサイド	より高く売る	税金費用の保守的見積もりの合理性，将来FCFなど担保の合理性	有税引当金を計上した裏打ち資産の将来FCFの妥当性を示すもの

9）交渉カード9：償却資産の償却方法の適切性

償却資産と非償却資産の判断

償却資産は費用平準化でき，非償却資産は費用化ができない資産です。償却資産の区別は，日本会計基準では，所得税法，法人税法で定義した後に，政令，省令によって解釈を付加して対応しています。国際会計基準を採用する企業買収においては，償却資産の計上や償却方法の適切性には解釈の余地が生じ交渉カードになります。

たとえば開業費など，効果は永年にわたるのに，開業初年度にキャッシュアウトしてしまいます。発生主義と期間均等配分の整合化のため，税効果会計資産という考え方を取り入れています。会計上はBS上に税効果会計資産として計上しておき，経年ごとに費用化していく手法です。

資本的支出とは？

営業基盤として永続的に使用できる営業資産に対する投資が，資本的支出です。資本的支出の代表は設備投資です。資本的支出イコール設備投資という解釈がされている場合もあります。資本的支出によって獲得した資産は建屋，設備，土地などです。建屋や設備は減価償却資産であり，土地は非減価償却資産ですから，資本的支出には減価償却資産と非減価償却資産が含まれています。

国際会計基準，日本会計基準における資本的支出（CAPEX）と設備投資の概念の違いは解釈の余地を生じ，交渉カードになります。また，慣例的にも，設備投資＝CAPEXと捉えられることが多いため，解釈の余地が生じます。FCFの構成要素という視点では，CAPEXは設備投資以上の概念であり，CAPEXに含まれる償却性資産と非償却性資産が交渉カードです。

償却資産と非償却資産の損金算入／不算入の適切性

日本会計基準においては，法人税法によって償却資産は定義されています。償却資産であれば，期間均等による費用化と損金算入が可能となり，節税効果があります。しかし，法人税法の課税対象になるかどうかは，各国が採用する税務会計基準によって定まります。非償却資産は，FCF生成式における調整因子として，交渉カードになります。

資本的支出の減価償却手法の適切性

資本的支出と認められる減価償却資産は細かく規定されています。船舶や航空機など,価格の規模が異なるものも含まれています。

船舶や航空機を営業資産とする会社は,すべて資本的支出でまかなうとBSが膨れ,ROAやROEなどの投資効果の測定指標が悪化します。以前の日本会計基準では,リース会社に所有権を移しリース資産としてオフバランス化させる手法が汎用的でした。国際会計基準(IFRS)や米国会計基準では,リース資産のオフバランス化は許されないため,日本ではすべて資本的支出とはしないが,一部だけを負債計上させるリース手法がありました。いわゆる「ジャパレバ(日本式レバレッジドリース)」です。資本的支出と負債的支出のハイブリッド型リース手法は変化しながら今でも開発されています。資本的支出の所有権,実態性,適切性について解釈の余地がありますので,交渉カードになります。

償却資産の評価時期

日本の法人税法では,毎年1月1日現在の評価価格と定められています。会計年度の期日と異なるため,償却資産の減損リスクは,1月1日に近づくほど大きくなります。償却資産の減損リスクも交渉カードです。

償却資産の償却方法の適切性,非適切性の反論ポイントまとめ

	価値交渉方針	論点ヒント	反論の論拠
バイサイド	より安く買う	CAPEXに認定される減価償却資産	① 設備投資以上の資本的支出がある ② CAPEXのうち減価償却資産が少ない
セルサイド	より高く売る	CAPEXに認定される減価償却資産	① 設備投資以上の資本的支出がない ② CAPEXのうち減価償却資産が多い

10) 交渉カード10:繰延税金資産の資産性

繰延税金資産とは,将来,損金として計上できることを前提に,前払いし

た税金を資産計上できるという会計ルールに基づく資産です。将来の課税所得を担保として、税金を期間平準化する仕組みです。繰延税金資産の裏打ち資産が存在し、その資産が将来生み出す利益に対する税金を平準化します。会計利益と税務益金の時間的平準化を解決するのが繰延税金資産であり、典型的な会計と税務の連結器となる科目です。事業計画が赤字であれば、繰延税金資産を取り崩して、費用計上が求められます。米国会計基準は繰延税金資産を計上しやすい反面、取り崩しもされやすい資産です。

　FCF生成式における繰延税金資産の資産性をどのように評価するかは諸説あり、その評価手法は定まっていません。簿価時価ディールの場合、期末の繰延税金資産の資産性を会計士から否認されるリスクがあります。したがって、繰延税金資産を構成している裏打ち資産の資産性は解釈の余地を生じます。繰延税金資産は、将来の損金であり、その裏打ち資産に紐付いていますので、将来性に疑義の余地がある裏打ち資産に着目すると、FCFの調整項目に含めるか否かの解釈の余地が生じ、交渉カードになります。

資産性の攻防の焦点

　繰延税金資産は将来に益金が発生することが担保されて資産計上できます。繰延税金資産の回収性が焦点となり、将来十分な課税所得が得られる論拠を用意しないといけません。FCF生成式において、税効果が考慮されていない場合、繰延税金資産は、将来の損金算入によって、税金支払いを軽減できる可能性があるため、キャッシュライクアイテムとしてネットデットを減少させ、その分、株式価値を増加させる効果を持ちます。繰延税金負債のBS計上は、デットライクアイテムとして負債に含めることが論理的です。将来の益金算入によって、税金支払いが増加する可能性があります。

評価性引当金が繰延税金資産に計上される理由

　引当金は節税効果があるため、過度な引当金をとることは、有税になる可能性があります。有税引当てを回避するための手段として、税効果会計を取り入れ、繰延税金資産に含めることはどのような効果をもたらすでしょうか？

評価性引当金と繰延税金資産の関係

　引当金は、将来の損失リスクを現在資産にて担保する考えですので、保守的健全性を保つには合理的です。税務上の損金に算入が可能となりますので、

節税効果もあります。この場合，過度な引当金を設定するとどうなるでしょうか？　理論的には，資産計上した引当金見合の節税効果が得られそうです。しかし，税法上では引当てできる上限が決まっています。では，さまざまな種類の評価性引当金を設定するメリットは何でしょうか？　それは，税効果会計を採用し，繰延税金資産に姿を変えることにより，節税効果にチャレンジすることにあります。

　評価性引当金は，単独で科目計上されると有税引当ての対象となります。しかし，繰延税金資産の構成要素として，姿を一度 BS から消すことにより，キャッシュライクアイテムという節税効果資産として，FCF 計算や余剰資金計算に含まれることにチャレンジできます。BS 上に現れる評価性引当金が，繰延税金資産に含まれているかいないかは，どのようにしてわかるのでしょうか？　税効果会計を導入している企業は，有価証券報告書において，法人税費用の欄に記載されます。ここに「一時差異及び繰延税金資産（負債）の増減」が記載されていれば，繰延税金資産の構成要素がわかります。どの裏打ち資産が税効果会計を適用しているか把握します。

　税法上は有税であるのに，会計上の繰延税金資産と判断されるとどのようなメリットがあるのでしょうか？

　一見，直接的な節税効果はないように見えます。しかし，BS に資産として計上すると同時に，P/L の法人税等調整額の名目で当期利益のプラス項目として計上でき，会計上の利益を押し上げる効果があります。

繰延税金資産と繰延税金負債のゲーム的状況

　繰延税金資産が将来の税金支払いの前払い分ならば，将来の税金支払いの後払い分が繰延税金負債になります。繰延税金資産と繰延税金負債とは，計上される意義やコンセプトが全く異なります。裏打ち資産が全く異なるからです。そのため，相殺されることは合理的ではありません。しかし，繰延税金資産と繰延税金負債という名称の括りから，あたかも資産と負債が相殺できるように解釈されることがあります。交渉ディベート上，繰延税金資産の資産性をディスカントさせる意図をもって，繰延税金負債の計上とその相殺を打ち出す解釈の余地が発生し，交渉カードとなります。

繰延税金資産と繰延税金資産の裏打ち資産

繰延税金資産の裏打ち資産	繰延税金負債の裏打ち資産
✓ 貸倒引当金 ✓ 棚卸資産評価損 ✓ 退職給付引当債務 ✓ 品質保証引当負債 ✓ 減価償却費 ✓ 有形資産減産損失 ✓ 繰越欠損金	✓ 未収収益 ✓ 為替評価損 ✓ 一時償却引当金 ✓ 圧縮記帳引当金

繰延税金資産の資産性の適切性，非適切性の反論ポイントまとめ

	価値交渉方針	命題	反論の論拠
バイサイド	より安く買う	繰延税金資産の資産性，評価手法などのDiscount要因	繰延税金資産の資産性評価手法（DCF法）の不適切性 繰延資産の資産性の疑義 繰延税金負債性との相殺主張
セルサイド	より高く売る	税金の期間案分の合理性，将来FCFなど担保の合理性	繰延税金資産の将来FCFの妥当性を示すもの

11) 交渉カード11：研究開発費用の判断

　日本会計基準，国際会計基準では，開発費は事業創業における必須の費用であるため資産性がある繰延資産です。繰延資産は，非減価償却資産です。それに対して，経常的に発生する研究開発費は，日本会計基準では開発費と同様に資産性を認めていますが，米国会計基準では認めていません。

研究開発費の資産性を認める日本基準が国際基準になる可能性

　FCF生成式にて，研究開発費の資産性は影響を及ぼします。繰延資産はBS計上され期間平準化して費用化できますが，BS計上できないならば直接P/Lに計上されます。開発費の資産計上が認められていた日本でも，米国会計基準の概念に基づき，発生時に一括費用計上することが汎用になりました。ただし，国際財務報告基準においては一定の研究開発費の期間平準化が合理的との見解もあり，会計基準コンバージェンスが進むにつれて議論が分かれ

ています。したがって，研究開発費の償却方法には解釈の余地があり，交渉カードになります。

12) 交渉カード12：オフバランスリース資産

オフバランス化のメリットは，BSのスリム化です。ROAなどの財務指標を改善できます。固定資産税などの所有に伴う経費や減価償却などのオペレーション業務の手間が省けます。資産オフバランスの方法は，①売却，②リース，③賃貸，④デリバティブ，⑤証券化の5つのパターンに分けられます。FCF生成に大きな影響を与えるリース資産に着目します。

リース資産のオフバランス化攻防戦の結果，生まれた副産物達

リース契約によって使用する資産（自動車，事務機器，コンピュータ，機械など）は，BSには資産として計上されず，リース料としてP/Lに計上されます。日本会計基準においては，リース資産のオフバランス化を定めており，日本企業はその恩恵を受けてきましたが，国際会計基準では，長期リース資産はオンバランスという方針であったため，所有権移転外ファイナンスリースという適用外ルールを定めることにより，リース資産のオフバランス化の法的順守を担保していました。

リース契約上にてリース期間満了時に所有権が移転しないことを盛り込むことによって所有権移転外ファイナンスリースに区分ができることになり，その区分のリース資産は，支払ったリース料だけを費用処理するのみにて，オフバランス化が可能となりました。このような処理は，従来のリース会計基準では，例外規定とされていました。しかし，多くの企業がこの所有権移転外ファイナンスリースを利用しオフバランス化するに至り，大多数の企業が用いる「汎用的な例外規定」となっていました。しかし，国際会計基準適用企業が増えたことにより，所有権移転外ファイナンスリースという手法をとっても，オフバランスが認められなくなりました。そのために開発された金融手法がレバレッジドリースやハイブリッド型リースです。

オフバランス要件を満たすリースファイナンス手法の出現

所有権をリース会社等のレッサーが所有するファイナンスリースに対して，ファイナンスリースの要件を満たさない形のオペレーションリースがオフバ

ランス化に用いられるようになりました。オペレーションリースとは，レンタルのことで，所有権はレッサーサイドが持ちますが，残価設定やレッシーサイドの権利を自由に設計できるため，レッサーとレッシー間で所有権の応分がゲーム的状況を発生させる商品です。一定の資本的支出とオペレーションリースを組み合わせることによって，大きな資本的支出に対してより小さな減価償却のストラクチャリングを行い，コーポレートファイナンスにプロジェクトファイナンスの要素を取り入れることに成功いたしました。

　資本的支出と負債的支出のハイブリッド型リース手法は変化しながら今でも開発されています。リースファイナンスの適切性について解釈の余地がありますので，交渉カードになります。

　子会社が持つ固定資産を所有権移転外ファイナンスリースとしてオフバランス化させるスキームがあります。しかし，この時，親会社が子会社のリース債務の受け手であり，子会社固定資産の所有権が親会社の保有である場合，連結で見たときに，オフバランス要件を満たすかはグレーになります。親会社が子会社へのリース債権と子会社固定資産の所有権を同時に持つ場合は，オフバランス要件を巡っての解釈の余地が生じ，交渉カードになります。

子会社オフバランスリース資産のオフバランス性の反論ポイントまとめ

	価値交渉方針	交渉カードの本質根拠
バイサイド	より安く買う	子会社のリース債務の固定資産はオフバランス要件を満たさない
セルサイド	より高く売る	子会社のリース債務の固定資産はオフバランス要件を満たす

それ以外の交渉軸アイディア
交渉串5：余剰資金と運転資金見合の現金

　現金には，余剰キャッシュと運転資金が混ざり合っています。お金に色がないと表現しますが，現金のうち，運転資金見合いとして残しておかなければならない現金は，営業資産として考えらえます。それ以外は，余剰キャッシュとなります。企業価値ベースならば，事業価値＋余剰現金での交渉です。もちろん，余剰現金分はそのまま戻ってきますので，お金をお金で買うことになりま

す。これが株式価値で取引する合理的な理由です。その場合でも，余剰キャッシュと有利子負債を比較して，ネットデットならば株式価値はネットデット分控除され，ネットキャッシュならばネット分だけ増えます。現金のうち，運転資金と余剰キャッシュのポジションは，解釈の余地があり交渉カードになります。

交渉串6：アンレバード化したFCFでの比較

　FCFに多様性があるように，割引率もFCFの意味に応じて使い分ける必要があります。事業性の付加価値だけを評価するのであれば，財務活動見合いの付加価値は排除する必要があります。

　一般的に企業は負債を持ちます。この状態でのベータがレバードベータです。負債がない状態でのベータがアンンレバードベータです。さらにリレバードベータは，類似会社平均と同様な資本負債構造（D/Eレシオ）でのベータで，負債の節税効果を等しくした状態での加重平均資本コスト（WACC）を導きます。

　WACCを算定するために用いられるベータにも，レバードベータ，アンレバードベータ，リレバードベータがあり，DCF法に解釈の余地を生じ，交渉カードになります。

交渉人養成ポイント10

- ✓ FCF調整項目は，会計 vs 税務間の調整，各国基準 vs 国際会計において発生することを利用する。調整因子があることによって，相対する評価者に解釈の余地を与え，無限の交渉論拠を生み出すことを理解し，自陣に有利なFCFを設計する。
- ✓ 実態性の毀損リスクの論証をもってディスカウントさせる勘定科目のターゲットを見定め，戦略的FCFを設計する。FCF生成式の万能的な解釈の余地は，無限の定量的な反証を生みだすことができることを理解する。

交渉エピソード② バリュエーション対決：緊張と緩和

　筆者がX社M&A担当者であったときのこと。日本を代表するY社との合弁企業が不振を重ね，債務超過が予見され始めました。合弁比率は，Y社が過半数を握っていたため，経営はY社の主導下でした。合弁を続けたいY社と，株式を売却したいX社との間で，出口策の模索が始まりましたが，暗礁に乗り上げてしまいました。そこで，交渉の打開策として，筆者は「バリュエーション対決」を提案しました。なぜなら，Y社が作成した右肩上がりの再生プロジェクションには，会計上における評価性科目が多いことに気づいたからです。

　いよいよ，バリュエーション対決当日。資産や収益力の実態性インパクトが高い因子から順に，評価性科目の論拠性を追及，反証する攻防戦が始まりました。Y社の担当者が答えに窮する場面が多くなった時，筆者は満を持して「すでに，実質債務超過にいたっていると言わざるを得ません」と言い放ちました。と，その瞬間。隣に座っていた同僚である先輩社員が，筆者に対していきなり怒鳴りつけたのです。

　「天下のY社さんに向かって失礼だぞ！」

　筆者はもちろん，その場にいた全員が緊張した瞬間でした。しかし，筆者の非礼をわびながらも，その先輩社員が浪花節を語り始めたのです。「天下のY社さんだからこそ，これまで経営を一任してきた。こちらの顔が立つようにしていただけないか？　また違う形でビジネスを一緒に進めようではありませんか」。場は緊張から緩和され，その日のうちに妥協点に向けて進展したのです。

　割を食ったのは筆者でした。せっかくバリュエーション対決にて奮闘したのに，多くの面前で罵倒されたからです。しかし，この交渉の終了後，ねぎらいの言葉をかけられて，悟りました。筆者が論破するのを見通していて，相手のメンツがつぶれそうになった，"ここぞ"という瞬間を逃さず，

一瞬の緊張感を作り出し，未来志向の浪花節を語った一連の流れ。実は用意周到の戦略だったのです。敵をだますには味方からとはいいますが，釈然としないまま納得したディールでした。

ディール後に感じたこと
- ✓ 交渉相手も人間。バリュエーション対決だからといって，専門知識量の差をもって，相手の面子をつぶしてはダメ
- ✓ 一瞬の緊張感を作り出した後の譲歩や未来志向の提案は，緩和効果をもたらす。

▶ Appendix 1
M&A 交渉ゲームの基本形

例題：合弁パートナーからの支配力獲得
～類型1の交渉戦略立案とカウンター案～

　合弁パートナーから支配力を獲得する典型的なディールです。外資規制がある新興国では，日系企業は進出当初，合弁パートナーを必要とします。一方，現地経営が順調に進むと，日本からの商品開発力や技術力の提供をスピードアップさせたいと日本本社は考えます。パートナーが議決権の過半数を占めており，経営主導権を握れないジレンマに陥ります。合弁関係を発展的に進展させるための支配力移動を伴う株式買収ですので，良い関係を構築した現地合弁パートナーとは，交渉しやすいといえます。

[M&A交渉ゲーム：基本ステップ]
　M&A交渉ゲームは，交渉戦略立案フェーズと，実戦フェーズに分かれます。

ステップ1～ステップ8：交渉戦略立案フェーズ＝網掛け部分
ステップ9～ステップ12：実戦フェーズ＝白抜き部分

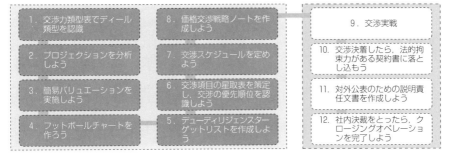

例題：合弁パートナーからの支配力獲得

【ケース】 合弁パートナーから支配力を獲得するための株式買収
Z社は，X社とY社の合弁会社です。出資比率は，X社45％，Y社55％です。
X社の意向：「X社はY社から10％取得し，支配力を得たい」

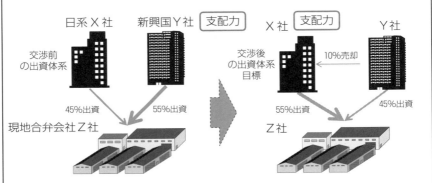

前提：Z社は営業利益率10％以上，運転資金は，ネット資金の優良会社。X社とY社の関係も良好です。X社は，原価管理，生産管理，対外サプライヤー交渉の経営主導権を持ち，経営意思決定のスピードを上げたいと考えています。

【あなたのミッション】 あなたは，X社のM&A担当者です。Y社とバリュエーション対決することになりました。株式買収の価格交渉戦略を立案してください。

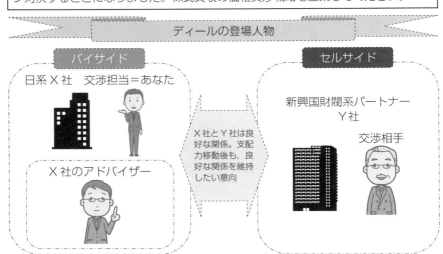

Appendix 1　M&A 交渉ゲームの基本形

ステップ1　交渉力学類型表にて，交渉力学を把握しよう

● 交渉力学の類型

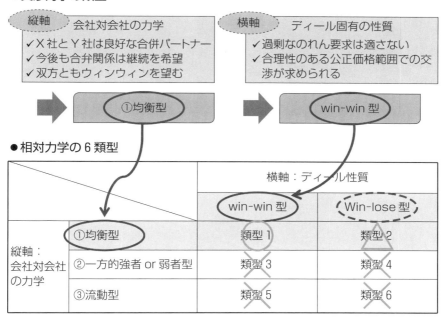

● 相対力学の6類型

		横軸：ディール性質	
		win-win 型	Win-lose 型
縦軸：会社対会社の力学	①均衡型	類型1	類型2
	②一方的強者 or 弱者型	類型3	類型4
	③流動型	類型5	類型6

第2部第1章「相対交渉力学の6類型」の類型1の性質を見てみよう（150頁参照）
✓ 落としどころは双方の主張から大きく離れない
✓ 第三者的視点からの公正価値が適用されやすい

典型的な類型1です。ただし，油断は禁物。交渉成功の秘訣は「支配力プレミアム」を過大でも過小にもしないという目標を持ちましょう。しっかりと「公正価格範囲内で，できるだけ安く買う」という基本ルールに則って，交渉戦略に落とし込みましょう。たとえ良好な関係でも，バイサイドの交渉担当者がキチンと定量的な論拠を示さないと，相手は主観的な主張を強めて，類型2型になってしまう可能性があります。

問題は，支配力プレミアム額をどの程度で妥協するかということだな。相手はセルサイドだから，「公正価格範囲内で，できるだけ高く売る」基本ルールに則って，DCF法を用いて支配力プレミアムを主張してくることが予測できるな。
のれんの計上は避けたいので，適正な支配力プレミアムが妥当であることを定量的指標を用いて認識させて，できるだけ純資産近傍にての合意に導こう！

ステップ2　交渉方針の予測とプロジェクションを作成しよう

◆交渉方針の予測

支配力プレミアムの妥協レベル

バイサイド（X社）：純資産法の土俵に相手を乗せることで、より少ない支配力プレミアムで決着させたい

セルサイド（Y社）：DCF法の土俵に相手を乗せることで、より多い支配力プレミアムを獲得したい

バイサイド（X社）の方針	予測されるセルサイド（Y社）の方針
✓ 純資産法の土俵が基本 ✓ のれん計上を回避したい ✓ マルチプル法を加味しながら、できるだけ少ない支配力プレミアムを提示する	✓ DCF法の土俵が基本 ✓ 過剰な支配力プレミアムは要求はできないが、相当のプレミアムは欲しい

バイサイドは「公正価格範囲内で、できるだけ安く買う」が基本なので、純資産法の土俵にセルサイドを乗せよう。適切な支配力プレミアムをどれだけ合理的にバイサイドが提案するかがポイントだとわかったぞ！　プロジェクションのリスクケースを論拠に、DCF法での公正価格範囲をできるだけ下げるようにしよう！

◆プロジェクションを作成しよう

　バイサイドはDCF法の土俵にあがるつもりがなくとも、独自の前提条件にてDCF法にてバリュエーションを行うと、セルサイドに対する合理的な説明になります。Z社が作成した事業計画に対して、リスクケースを提示しましょう。

◆リスクケースの作成の仕方

　セルサイドが作成する中期計画は、高く売ろうとするセルサイドの意思が入るため、右肩上がりで作成されます。バイサイドは、その矛盾を探す作業として、デューディリジェンスを行い実態性の解明します。

　簡易バリュエーションのためのリスクケースの策定では、実態性解明までには至っていないので、ある程度の仮定にて叩くしかありません。リスクケースの簡単な形は、リスク係数を掛けたものです。

◆リスクケースプロジェクション策定フロー

中期経営計画	X	X+1	X+2	X+3
売上高				
営業利益				
減価償却				
設備投資		①セルサイドから入手		
運転資本増減				
FCF				
(純資産)				

②リスク係数をかけたリスクケースの作成

リスクケース (×0.3)	リスクケース (×0.5)	リスクケース (×0.7)
楽観的 セルサイド選好	←――――――――――→	保守的 バイサイド選好

◆リスク係数をかけたプロジェクションを策定するコツ

　リスク係数は，科目ごとに異なった影響を及ぼします。売上高，変動費はリスク係数が100%影響しますので，そのまま掛け目を掛けます。しかし，固定費への影響はゼロです。リスク係数を用いたプロジェクション作成のコツは，原価構造＆収益構造のフォーマットを固変分離方式で作成することです。賦課方式（直接賦課費用／間接賦課費用）は，事業体へのBS分割の時に有効です。

固変分離方式	リスク係数の影響度
売上高	100%
変動材料費	100%
材料限界利益	100%
変動加工費	100%
限界利益	100%
固定費	0%
営業利益	

リスクケースは，交渉状況を踏まえて，落としどころの価格交渉になるように，柔軟に変化させましょう。リスク係数のパターンを繰り返して自陣の戦略のメッセージ性を強く打ち出すフットボールチャートを作成しましょう。交渉はディベートですので，その定量的な論拠性は強い交渉カードになります。

セルサイドが出してきた右肩上がりの事業計画に対して，リスク係数かける戦法を勝ちパターンにしたいな。DCF法の土俵に乗ったとしてもリスクケースを打ち出すことで，セルサイドのDCF法の前提を切り崩さないといけないんだな。

ステップ3　簡易バリュエーションを実施しよう

◆簡易バリュエーションの狙い

バリュエーション対決に備えて，バイセルそれぞれで簡易バリュエーションを行います。簡易バリュエーションは，デューディリジェンスによって資産や収益性の実態が精査され，その影響を加味したのちに最終バリュエーションとなります。バリュエーション対決の前哨戦としての意義と，戦略的デューディリジェンスのターゲット科目の提示という意味合いを持ちます。

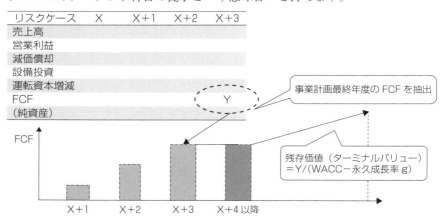

◆センシティビティアナリシス

センシティビティアナリシス		WACC		
		A－0.5%	A	A＋0.5%
永久成長率 g	B－0.5%			最小値
	B			
	B＋0.5%	最大値		

- ターミナルバリューと呼ばれる残存価値によって，将来価値のおおよそ80%〜90%が説明できます。そのために必要な数値は，ズバリ，事業計画の最終年度FCF，WACC，永久成長率の3つだけ。さらに，センシティビティアナリシスを実施する際のピッチ幅が重要です。WACCと永久成長率のピッチ幅を変えることによって，ターミナルバリューの最小値と最大値の範囲が算出されます。

- なるほど，リスクケースの最終年度FCF，WACC，永久成長率で，ターミナルバリュー算出するのだな。しかも，センシティビティアナリシスという考え方でレンジは調整できるという仕組みになっているのか！　ピッチ幅を変えればターミナルバリューの範囲を自在に設計できることがわかったぞ！

Appendix 1　M&A 交渉ゲームの基本形　207

◆類似会社マルチプル法（PBR マルチプル法，PER マルチプル法）

会社名	PER	PBR	企業価値/EBITDA
対象企業			
類似会社 A			
類似会社 B	PER マルチプル	PBR マルチプル	EBITDA マルチプル
類似会社 C			
類似会社 D			

- ✓ 鑑定人から類似会社をヒアリングされたときに，明確なメッセージを示すような会社を選定しないと，フットボールチャートはバラバラの数値を示します。
- ✓ 類似会社のサンプリング方法によって，PER マルチプル，PBR マルチプルの範囲は異なります。異常値を示す類似会社は選定しないようにしましょう。
- ✓ フットボールチャートの狙いどころに応じて，サンプリングする会社を変えてみましょう。類似会社のサンプリングに，絶対的なルールがあるわけではありません。
- ✓ セルサイドが，類似会社マルチプル法にて，インフレした公正価格範囲を提示してくる場合は，同様な視点で反論しましょう。

- ✓ 類似会社のサンプリングの仕方によって，マルチプルは大きく異なるということだな。ということは，自陣に有利なマルチプルを持っている類似会社をノミネートすればいいというわけか。このことを知らなかったら，何も知らないで類似会社を鑑定人にノミネートしていたことになるな。知らないことほど，怖いことはないのだな。

ステップ4　フットボールチャートを描こう

◆**フットボールチャートは，価格交渉の最大の戦略ツールです**

フットボールチャートは，戦略的デューディリジェンス，戦略的バリュエーション，戦略的価格交渉の有効なツールとして機能します。

◆**交渉用フットボールチャートには，強いメッセージ性を持たせましょう**

交渉用のフットボールチャートは，公正価格範囲を「見える化」したものです。自陣の交渉目標レンジを意識して，フットボールチャートをデザインしましょう。

◆**フットボールチャートのメッセージ性**

交渉実戦用フットボールチャートをデザインしてみましょう。

ポイント
- ✓ 実態純資産は，簿価純資産を毀損している：戦略的デューディリジェンスは純資産の実態性が焦点
- ✓ PBRマルチプルよりPERマルチプルレンジが適度に重なる，サンプリングを行う
- ✓ DCF法は，純資産にできるだけ近づける

◆**交渉用フットボールチャートの完成**

下記のような自陣の意向を反映した交渉用フットボールチャートになるまで，ステップ2～4を繰り返しましょう。

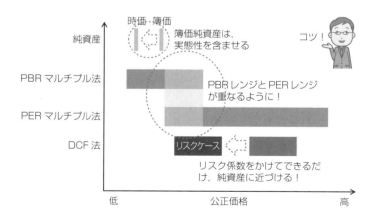

◆バイサイドが用いる交渉用フットボールチャート：メッセージの示し方

バイサイドの方針

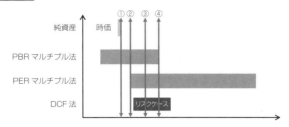

解　説
◆バイサイドの価格交渉提示の順番

　バイサイドの基本方針は「公正価格範囲内で，できるだけ安く買う」です。価格交渉提示するときは，価格交渉だけではなく，その論拠性の提示も重要です。フットボールチャートから意味のある提示価格交渉とそのメッセージを読み取ってみましょう。

提示価格①：純資産価値（＝清算価値）そのものです。支配力が移動するのにそのプレミアムを全く加味しないため，バイサイドの一方的勝利を意味します。優良会社の支配力が移動するのに，プレミアムがゼロだと，バイサイド，セルサイドとも説明責任に困ります。

提示価格②：PERマルチプルとPBRマルチプルは共に，類似会社が市場から評価を受けた結果が反映された指標です。その重なるレンジが公正価値として論拠性が高いと主張できます。その左端が価格交渉②です。

提示価格③：PERとPBRマルチプルが重なる範囲の中央値になります。交渉中盤の方向性を探る時に，狙うべきポイントです。中央値は双方に有効な落としどころとして意味を持ちます。

提示価格④：もし，価格交渉③で妥協しなかった場合，価格交渉④が考えられます。PBRマルチプルとPERマルチプルの両方がサポートする論拠がなくなるので，バイサイドとしては抵抗するギリギリの価格になります。

提示価格④以上になると，セルサイドの DCF 法の土俵に近づき，交渉負けを意味します。相当なのれんを計上する必要が生じます。

- のれん計上を避けるために，純資産価値にできるだけ近いところで，妥協点を探ることが交渉勝利のポイントです。
- 相手はプレミアムを要求できる立場ですが，同時に，長年の良好なパートナーであることから，これまでの経営実績に報いるプレミアムを提示する必要があります。焦点は，提示するプレミアムが客観的にみて，どの程度のプレミアムなのか，相手に理解と納得をあたえる説明が必要です。

まとめますと，
- セルサイドは支配力を手放すため，相当なプレミアムは欲しい
- バイサイドの交渉力によって，DCF 法はリスクケースの採用を目指す
- セルサイドが交渉勝ちしたという形にするのも戦略のひとつ

- バイサイドのターゲットプライスはそれぞれ，重要なメッセージがあるのだな。もし，相当強気に攻めるならば価格交渉①を提示するし，これまでの実績を認めて支配力プレミアムを折半する姿勢を見せるならば，価格交渉③が筋だろう。価格交渉を提示するのではなくて，その価格交渉の意味を合理的に説明することも相手を納得させるためには重要なのだな。双方に win-win になる落としどころを念頭に，価格交渉に臨もう！

◆セルサイドが用いる交渉用フットボールチャートの予測：メッセージの読み取り方

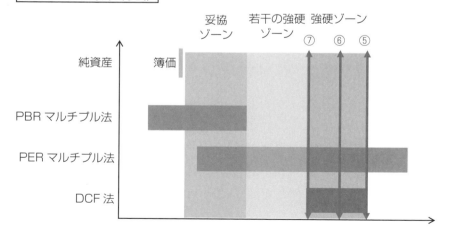

Appendix 1　M&A 交渉ゲームの基本形

解　説

◆セルサイドの価格交渉提示の順番

　セルサイドの基本方針は「公正価格範囲内で，できるだけ高く買う」です。セルサイドは DCF 法をベースに主張してくることが予測できます。しかも，DCF 法の根拠を，リスクケースではなく，事業計画やストレッチケースで算出してくる可能性があります。

　DCF 法は，将来に生み出す FCF の総体を表します。ただし，その算定根拠となるプロジェクションは，セルサイドが策定したものがベースとなってしまうことが多いのが実態です。なぜなら，事業の内容を一番知っているのは，現状の株主だからです。それゆえ，市場評価からインフレしてしまう可能性が高いと言えます。セルサイドのプロジェクションによるレンジの右端⑤から，セルサイドが提示してくることが予測されます。

　⑥ DCF 法レンジの中央値です。最低でも DCF 法レンジ左端の⑦を主張する可能性があります。その場合は，バイサイドは，多額ののれんを計上しなければならなくなります。

　類型 1 の場合は，このような多額ののれんを計上を余儀なくする交渉スタンスを取ることはありませんので，セルサイドは，若干の強硬ゾーンから妥協ゾーンまで妥協する可能性を念頭に交渉を進めてくることが予測できます。

　バイサイドが，一方的に勝つことだけを目的にしては，デッドロックに乗り上げます。相手の立場を考えて，いかに支配力プレミアムを加味したか，PBR や PER プレミアムによって，定量的にもそれが適切であるかを説明することにより，プレミアム感に納得させることが，戦略的交渉です。

ステップ5　デューディリジェンス・ターゲットリストを作成しよう

デューディリジェンスとは実態性の精査です

デューディリジェンスにおいては，データルームにある帳票類，法定文書が整っているか，帳簿の数値と実際の在庫が正しいか，自分の目で確かめることが必要です。

デューディリジェンスの2つの視点

① 会社定款に沿った業務運営がなされているか，法的文書が作成されているかなどの法人格としての法的順守を実査するものです。
② 財務諸表に記載されている数値と実際の資産やビジネスの実態性との間に整合性があるかを実査するものです。

デューディリジェンスを実施する前の鑑定人とのブリーフィングは必須

デューディリジェンスを行うのは，第三者たる鑑定人です。鑑定人に一任するケースが見られますが，焦点の置き所がわからないと鑑定人が実のある実査ができず，クライアントがデューディリジェンスレポートをみても，掘り下げてほしい問題点が触れられていないことがあります。したがって，デューディリジェンスを意義あるものにするためには，焦点としてもらいたい事項をあらかじめ監査人とブリーフィングし，なぜそこを焦点と考えているのかを伝えることが肝心です。その結果，焦点となる分野での瑕疵が指摘され，効果的な交渉カードを効率良くもつ可能性も高くなります。デューディリジェンスは，始まる前に業者に精査のポイントを打ち合わせしておくことが肝心です。

✓ 優先順位をつけて精査ターゲットを定めると，買取価格交渉を有利に導く有効な交渉カードになるのだな。よし，BSとP/Lのアイテムのうち，交渉でインパクトが大きい順番にノミネートしておけば，交渉しやすくなりそうだぞ！

◆実態 BS,実態 P/L の分析し,問題点を特定する

セルサイド,バイサイドの目的に応じた価格交渉カードを策定しましょう。

P/L 交渉アイテム攻めどころ：アイテム別の優先順位付け		
優先順位	デューディリジェンスの焦点	潜在的なリスク
1	実態売上高は,正味売上高より少ない	売上高の過大評価
2	実態営業利益は,正味営業利益より少ない	収益性の過大評価
3	売掛先との契約内容（販売価格等）	取引量の過大評価

BS 交渉アイテム攻めどころ：アイテム別の優先順位付け		
優先順位	デューディリジェンスの焦点	潜在的なリスク
1	負債性引当金の適切性	負債の増加
2	滞留在庫の存在	不良資産の増加
3	評価性引当金の適切性	資産の減少

実態 P/L は,FCF 算定式に影響します。実態 FCF の減少要因を交渉カードとして打ち出せば,DCF 法の論拠を揺るがすことができます。

実態 BS は,資産の瑕疵や税効果を考慮した実態純資産が毀損している可能性があります。ただし,バイサイドにとって,特に実態純資産の瑕疵をあえて織り込む必要がないと判断するならば,交渉では「あえて触れない」スタンスをとります。

実態純資産の瑕疵を交渉カードとする典型的な事例は,バランスシートに評価性資産がある場合です。評価性資産の代表例は,のれん,繰延税金資産,無形資産などです。これらの資産の減損の可能性は,実態純資産を毀損させる強力な交渉カードとなります。

ステップ6　星取表を作ろう

◆ディール全体の交渉アイテムを列挙し，星取表を作ろう

　本書は，価格交渉に焦点を当てているため，価格交渉に関する交渉アイテムに焦点を当てて解説を行っておりますが，実際のM&A交渉においては，人事，労政，組織などのさまざまな利害関係が複雑に入り交ります。

　もし，セルサイドの交渉相手が，「全部の株式を買い取ってほしい」「今期中にクローズさせてキャッシュを手にしたい」「現行取締役の経営責任を問われずに売却したい」などを，どうしても妥協することができない事象（＝ディールブレーカー）として考え，高く売ることよりも高い優先順位としているならば，それらを受け入れる代わりに安く妥結することができます。

　また，バイサイドとしても，「株式を買い取った後も合弁は継続し，何らかの人事ポストが欲しい」などの，高く買い取ることより優先する課題があるならば，それを担保することができます。

　ディールブレーカーを取り上げ，その順位付けを行います。ディールブレーカーは絶対に妥協できない条項ですから，交渉上「譲歩したと見せかけるための条項」を定めておくことも必須です。

　価格交渉と並行して，契約書条項の契約が行われるので，その構成に沿って，星取表を策定しましょう。

優先順位	交渉アイテム	ディールブレーカー	勝敗
1	経営支配力	◎（妥協なし）	
2	重要人材	○（妥協あり）	
3	人員整理	×（当て馬）	

Appendix 1　M&A 交渉ゲームの基本形　　215

ステップ7　交渉スケジュールを定めよう

◆価格交渉のタイムラインを策定しよう

◆法的拘束力のある契約文書に落とし込み：交渉合意

ステップ8　交渉戦略ノート

<u>戦略構築ノート</u>

1．交渉力学の類型

		横軸：ディール性質	
		(i)定量的因子型	(ii)定性的因子型
縦軸： 会社対 会社の力学	①均衡型	類型1	類型2
	②一方的強者 or 弱者型	類型3	類型4
	③流動型	類型5	類型6

2．戦略的バリュエーション方針

自陣方針	相手陣営の方針予測
✓ 純資産法での交渉展開が基本 ✓ マルチプル法を加味	DCF法が基本。ただし，プレミアムロジックによっては，マルチプル法の土俵に乗ってくる可能性あり

3．戦略的デューディリジェンスのターゲットファクター
　　（バイサイド＝ディスカウントファクター，セルサイド＝防衛戦略アイテム）

BS	自陣ターゲットアイテム	優先度
1		
2		
3		

P/L	自陣ターゲットアイテム	優先度
1		
2		
3		

相手陣営のターゲットアイテムの予測

BS	相手自陣ターゲット予測	優先度
1		
2		
3		

P/L	相手自陣ターゲット予測	優先度
1		
2		
3		

4．フットボールチャート：提示価格

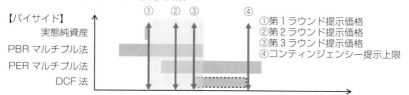

① 第1ラウンド提示価格
② 第2ラウンド提示価格
③ 第3ラウンド提示価格
④ コンティンジェンシー提示上限

5．相手陣営　提示価格予測：DCF法ベース

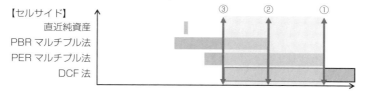

6．交渉戦略ストーリー

戦略的価格交渉	戦略的デューディリジェンス	バリュエーション対決の争点
第1ラウンド	P/L 精査ターゲットアイテム	実態収益力
第2ラウンド	BS 精査ターゲットアイテム	実態純資産
第3ラウンド	BS & P/L 精査ターゲットアイテム	実態収益力，実態純資産を反映した調整後 FCF

7．交渉アイテム優先順位とディールブレーカー

優先順位	交渉アイテム	ディールブレーカー	勝敗
1		◎（妥協なし）	
2		○（妥協あり）	
3		×（当て馬）	

8．交渉戦略のまとめ

・交渉力学類型1につき，定量的な交渉アイテムにて，バリュエーション対決の主導権を握る
・マルチプル法にて支配力プレミアムを加味しながら，純資産法ベースの交渉に持ち込む
・デューディリジェンス結果による実態バランスシート，P/L の瑕疵を論拠に，相手の DCF 価値算出論拠へ反証する
・実態純資産の瑕疵を論拠に，PBR マルチプルでの支配力プレミアムを訴求する
・経営権等のディールブレーカーを加味し，自陣にできるだけ有利な交渉妥結点を探る

▶ Appendix 2
M&A 交渉人養成プログラムカリキュラム

　M&A交渉人養成プログラムは，①社内交渉プログラム，②社外交渉プログラム，③M&A交渉ゲーム，に大別できます。入門コースからフルコースまで，交渉人養成ニーズに応じて実施します。

M&A 交渉人養成プログラム入門コース：所要時間　2時間
- M&A 交渉人に求められる資質
- 社内交渉と社外交渉のゲーム的状況
- 社内交渉プログラム：BEPS 対応の組織設計法
- 社外交渉プログラム：バリュエーション対決の戦術

M&A 交渉ゲーム（フルコース）：2日間コース

時間割	一日目	二日目
午前	講義：社内交渉プログラム	講義：実践的活用法 M&A 交渉ゲームⅡ 交渉ラウンドⅠ
昼食		
午後	講義：社外交渉プログラム	交渉ラウンドⅡ 交渉ラウンドⅢ 交渉結果プレゼン 総括
夕食		
夜	M&A 交渉ゲームⅠ	

一日目

午前　講義：社内交渉プログラム
- ✓ 組織設計 5 階層モデルと組織設計 PDCA10 サイクル
- ✓ 事業計画の立て方：シナジー仮説の立て方
- ✓ 統合計画の立て方：組織比較，機能比較，組織設計ステップ，統合実務

午後　講義：社外交渉プログラム
- ✓ 調整後 FCF の設計手法
- ✓ バリュエーション手法：純資産法，市場株価法，マルチプル法，DCF 法
- ✓ デューディリジェンス手法：実態性精査のポイント
- ✓ フットボールチャートの描き方
- ✓ M&A 交渉ゲームの基本ステップ

夜　　M&A 交渉ゲーム I：ケーススタディーによる交渉ゲーム実戦
- ✓ バリュエーション対決：交渉戦略の策定
- ✓ 相対交渉

二日目

午前　講義：実践的活用法
- ✓ M&A ディールの進め方：フェーズ別推進法
- ✓ オーケストラ型のチーム編成
- ✓ 法令順守するべき事柄

午後　M&A 交渉ゲーム II：ケーススタディーによる交渉ゲーム実戦
- ✓ 各チーム交渉戦略構築
- ✓ 交渉ラウンド I（ブレイクタイム）
- ✓ 交渉ラウンド II（ブレイクタイム）
- ✓ 交渉ラウンド III
- ✓ 交渉結果プレゼン（セルサイドとバイサイド適時開示）
- ✓ 総括：各チームの振り返り

〈著者紹介〉

佐久間　優
株式会社エスネットワークス
産業調査室　室長

東北大学工学部卒。東京大学工学系大学院（工学修士），ボストン大学経営大学院（理学修士）。モルガン・スタンレー証券会社，みずほコーポレート銀行（現みずほ銀行）等を経て事業法人に転身。パナソニック，カルソニックカンセイにて，M&A／内部構造改革プロジェクトを多数推進。現職では産業調査，M&A，グローバル構造改革，システム統合など推進中。

M&A交渉人養成プログラム
BEPS時代のグローバル組織設計法

2016年5月25日　第1版第1刷発行

著　者	佐久間　　　優
発行者	山　本　　　継
発行所	㈱中央経済社
発売元	㈱中央経済グループパブリッシング

〒101-0051　東京都千代田区神田神保町1-31-2
電話　03（3293）3371（編集代表）
　　　03（3293）3381（営業代表）
http://www.chuokeizai.co.jp/
印刷／昭和情報プロセス㈱
製本／㈱関川製本所

©2016
Printed in Japan

＊頁の「欠落」や「順序違い」などがありましたらお取り替えいたしますので発売元までご送付ください。（送料小社負担）

ISBN978-4-502-19171-8　C3034

JCOPY〈出版者著作権管理機構委託出版物〉本書を無断で複写複製（コピー）することは，著作権法上の例外を除き，禁じられています。本書をコピーされる場合は事前に出版者著作権管理機構（JCOPY）の許諾を受けてください。
JCOPY〈http://www.jcopy.or.jp　eメール：info@jcopy.or.jp　電話：03-3513-6969〉